LES ORACLES DE PARIS

Découvrir votre avenir en quelques minutes

Jean-Louis de Biasi - Patricia Bourin

Éditions Theurgia
www.theurgia.us

Éditeurs : Jean-Louis de Biasi - Patricia Bourin

Éditions Theurgia © 2018
2251 N. Rampart Blvd #133, Las Vegas, NV 89128, USA
secretary@theurgia.us
Fabriqué aux États-Unis
ISBN : 978-1-926451-21-3

Découvrez les autres publications de "Theurgia"
www.theurgia.us

SOMMAIRE

INTRODUCTION

Vouloir connaître son avenir est un désir très compréhensible.
Nous nous réveillons tous les jours avec la mémoire de notre passé et la perception du présent. Nous planifions notre journée et les périodes à venir, mais nous n'avons aucune certitude qu'elles se déroulent tel que prévu. Notre avenir ne semble pas être sous notre contrôle et nous ne pouvons qu'espérer que nos plans se déroulent au plus près que ce qui était prévu.
Dans l'ancienne religion grecque, le destin était considéré être entre les mains de trois déesses appelés les Moires, Clotho, Lachésis et Atropos. Clotho (la fileuse) exprime l'enchaînement irrésistible des évènements. Le fil est tissé entre ses mains et va constituer la tapisserie de votre vie. Ce fil va être entrecroisé avec d'autres fils tout au long de votre vie, jusqu'à ce qu'Atropos coupe le fil qui représente le moment de la mort. Nous savons que certaines rencontres peuvent être déterminantes. Nous réalisons parfois que certaines choses auraient été bien différentes si nous étions arrivés quelques instants plus tôt ou au contraire plus tard. Il est alors clair qu'une bonne part de ce qui engendre notre destin nous échappe. Ce n'est pourtant pas une raison pour adopter une attitude complètement passive. Nous avançons vers notre avenir chaque jour et il est sage de la faire à la fois avec prudence et détermination.
Il était jadis encore possible de consulter les oracles divins. Pour ne citer que deux exemples, Apollon en Grèce ou Amon en Égypte pouvaient s'exprimer par l'intermédiaire d'oracles.[1] entourés de prêtresses et prêtres. Mais pour diverses raisons, les oracles sont progressivement devenus silencieux. Cela a même surpris certains de leurs contemporains pourtant initiés, tels que Plutarque.[2], prêtre d'Apollon à Delphes. Celui-ci écrivit d'ailleurs un ouvrage intitulé « la disparition des oracles ».
Il est intéressant de remarquer ici que ces oracles avaient reçus une formation leur permettant de se mettre en relation avec les divinités. Le message éclairant le consultant provenait donc du Dieu lui-même. La civilisation romaine quant à elle utilisa pendant des siècles un ouvrage rassemblant des déclarations divines susceptibles d'apporter une réponse à des situations particulièrement critiques. Il portait le nom de « livres sibyllins ». Ils furent hélas détruits au début du 5^{e}

1 Nous dirions aujourd'hui de « médiums ».

2 Plutarque vécut au 1e siècle de notre ère.

siècle par les chrétiens lors des mesures antipaïennes prises par l'Empereur romain Honorius.
Un rite était vraisemblablement utilisé pour consulter ces livres prophétiques et obtenir la réponse à la question posée. C'est le type de pratique qui est utilisé dans l'ouvrage que nous vous présentons ici.
Au cours des siècles suivants, de semblables techniques divinatoires furent toujours conservées en secret par les initiés. Elles furent parfois adaptées au christianisme. Certains rites de la Franc-maçonnerie débutent par exemple par l'interrogation de la Bible. Celle-ci est placée sur un autel central et encensé. Après plusieurs invocations et prières, l'un des officiants ouvre le livre au hasard, pointe son doigt sur un des versets et le lit à l'assemblée. Ce passage est alors considéré comme la voix de Dieu exprimant son conseil, son oracle, au groupe réunit dans cet espace sacré. La première fois où j'ai assisté à cette cérémonie, j'ai réalisé combien le processus était proche de ce qui se pratiquait dans l'antiquité. Le dieu invoqué et les textes étaient différents, mais le processus était similaire. Il est toujours fascinant de constater combien certains processus changent peu au cours des siècles.
Il nous faut donc remarquer ici que l'interrogation des oracles a toujours été considérée comme un mode de communication avec le divin. Il ne s'agit pas à proprement parlé de divination qui serait alors obtenue par une pression exercée sur les dieux. Il s'agit d'un processus traditionnel, généralement composé d'une purification et d'une élévation de la conscience vers une puissance supérieure capable de nous éclairer sur le futur.
La tradition ésotérique occidentale contient de nombreuses techniques divinatoires bien que la majorité des livres oraculaires aient disparus. Les exemples de la cartomancie, l'astrologie, la géomancie et chiromancie sont sans doute les plus connus. Nous pourrions y ajouter les visions dans les miroirs ou les boules de cristal, le pendule, le oui-jà et autres moyens similaires. Vous avez sans doute eu l'occasion d'expérimenter l'un ou l'autre. Ils ne sont pas tous aisés à maîtriser ni même fiables. Certains demandent une réelle formation et une initiation permettant de les pratiquer d'une façon convenable. La qualité et l'adéquation des réponses dépendent grandement de cet apprentissage
J'ai eu l'occasion de pratiquer et enseigner le tarot, l'astrologie et certaines autres sciences divinatoires. Je me suis également souvent attristé de la disparition des temples, des oracles et des ouvrages sacrés qui y étaient utilisés. Mais il y a quelques années, un fait se produisit qui modifia d'une certaine façon ma vision des choses.

Étant en visite en France pour des recherches sur la franc-maçonnerie ésotérique égyptienne, j'eu l'occasion de visiter plusieurs sites parisiens en relation avec l'Ordre sacré des Sophisiens. Une partie de cet itinéraire fut racontée dans un de mes livres précédents, publié en anglais aux éditions Llewellyn et intitulé « La Franc-Maçonnerie ésotérique ». Au cours des conversations qui se déroulèrent lors de cette investigation, le sujet de la divination fut abordé. Je fus surpris de découvrir l'existence d'oracles ayant été remis à Bonaparte lors de sa campagne d'Égypte. Ce recueil de textes assez courts fut finalement traduit en allemand puis en anglais. Ils sont maintenant également disponibles en français. J'appris également que des pratiques similaires de divination étaient utilisées dans certains groupes appartenant à la franc-maçonnerie égyptienne. Des livres rassemblant des oracles attribués aux Déesses et Dieux furent ainsi conservés et parfois recomposés. La consultation de ces livres par les initiés remplaçait la voix des prêtresses alors disparues. Un certain nombre d'éléments furent rassemblés par la tradition et composèrent divers traités d'oracles qui arrivèrent jusqu'à nous. Comme je l'ai expliqué dans un autre de mes ouvrages, Cagliostro, un des fondateurs de la maçonnerie égyptienne, développa même un rite divinatoire s'inspirant directement de l'oracles de Delphes. Une jeune fille était requise pour recevoir les messages de l'invisible et les exprimer à l'assemblée.

Toutefois, une autre surprise encore plus importante m'attendait alors que l'on me communiqua plusieurs documents oraculaires datant du 18e et 19e siècles. Durant cette période, plusieurs ouvrages du même genre furent écrits en France. Les textes étaient en vieux français, parfois difficile à lire. Ils étaient la plupart du temps utilisés comme un divertissement. Toutefois, ceux-ci étaient différents. Les réponses des oracles contenus dans ces documents m'apparurent désorganisés, mais l'ensemble était assez clair pour pouvoir les utiliser. Ma femme et moi nous mîmes alors au travail de traduction et de réorganisation de ces documents. Plusieurs années furent nécessaires pour ce travail. La traduction en langage moderne, la reconstruction de certaines parties des textes occupèrent une grande partie du temps. Nos fonctions spirituelles et notre formation initiatique nous permirent de révéler la structure astrologique et hermétiste sous-jacente. De nombreux séances de travail occulte furent également requises pour aboutir à la reconstitution finale de ce que nous avons alors baptisé « Les oracles de Paris », lieu où nous avions reçu ces textes.

Il n'est pas nécessaire pour utiliser cet ouvrage d'apprendre de complexes calculs. Vous n'aurez pas à étudier pendant des mois ou des années le symbolisme du tarot ou d'autres figures symboliques. De la même façon que les livres sibyllins, il vous suffira ici de poser votre question avec respect, ouvrir le livre et de consulter l'oracle. L'ouvrage lui-même est l'expression de l'oracle et les puissances divines vous fourniront la réponse la plus adaptée à votre question. Comme les oracles antiques, certaines réponses vous demanderont quelques réflexions ou méditations. Toutefois la consultation sera toujours rapide et aisée. Il est important de se souvenir que votre intention est de consulter les puissances divines pour leur demander conseil et éventuellement dévoiler une partie de votre avenir. C'est pour cette raison qu'il convient de les consulter avec respect. C'est de cette façon que les réponses n'en seront que plus claires et précises.

Nous sommes heureux d'avoir eu ainsi le privilège de transmettre ce trésor issu de la tradition occidentale. Nous ne doutons pas qu'il sera utile à beaucoup, comme le furent les oracles antiques.

COMMENT UTILISER CE LIVRE

SUPPORTS DE CONSULTATION

Très peu de choses sont nécessaires pour utiliser cet oracle.

La méthode traditionnelle consiste à utiliser trois dés à 8 faces, un de couleur rouge, un vert et un blanc. Vous les trouverez aisément dans des boutiques de jeux. Vous pouvez également les commander sur Internet et nous vous suggérons quelques adresses en annexe.

Il est également possible de remplacer les dés par une des méthodes décrites ci-dessous.

Vous pouvez prendre 3 groupes de huit bâtonnets de bois plats. Sur chacun des groupes vous placerez à un bout une marque de la couleur du groupe : vert, blanc et rouge. Sur le bout opposé vous écrirez un chiffre de 1 à 8. Vous aurez ainsi un groupe de bâtonnets verts chacun portant un nombre différent. Il en sera de même pour les deux autres groupes. Lors de la consultation, il vous suffira de tirer au hasard un des bâtonnets de la couleur correspondante.

Vous pouvez procéder de la même façon avec un groupe de cailloux de trois couleurs différentes. Nous pensons par exemple 8 cailloux de jaspe, 8 de marbre blanc et 8 de jade. Sous chacun d'eux vous écrirez le nombre correspondant. Vous pouvez ensuite placer

chaque groupe de cailloux d'une des couleurs traditionnelles dans un sachet indépendant.
Comme vous le voyez, les méthodes sont nombreuses et nul doute que vous pourrez en imaginer d'autres.

Si vous procédez à une ouverture rituelle, vous pourrez ajouter une lampe, de l'encens, de l'huile, une nappe, un chapelet théurgique, etc. Vous trouverez en annexe des adresses vous permettant de commander des mélanges spécifiques pour la voyance.

PRESENTATION ET CONSULTATION DES ORACLES

Deux types de consultation sont possibles. Elles sont présentées ci-dessous.
Prenons deux exemples de consultation, une pour chaque type, avant de vous présenter le court rituel que vous pourrez utiliser afin de consulter l'oracle de la façon la plus appropriée pour vous.

1- Les demandes

Présentation

Une liste de demandes sont proposées au début du livre. Vous pouvez rechercher dans cette liste celle qui se rapproche le plus de votre question. Lorsque le genre masculin est utilisé, c'est une convention grammaticale et les questions ou les oracles s'adressent aux deux sexes. Les demandes reflètent le caractère des maisons célestes avérées, découvertes par les astrologues il y a bien des siècles. Les thèmes gérés par les oracles correspondent aux influences de la vie qu'ils président. Si vous utilisez des dés, un seul est utilisé dans ce cas. Il s'agit du dé vert.

Processus

- Choisissez dans la liste des demandes celle qui est la plus proche de votre interrogation.
- Faites rouler le dé vert.
- Lisez la phrase située sous la demande. Suivez les indications de celle-ci en utilisant le nombre obtenu par le dé.

Exemple

Supposons que vous avez une question liée à vos finances. Astrologiquement, ces dernières sont gérées par la deuxième maison du ciel. Vous souhaitez savoir plus spécifiquement si vos revenus vont augmenter. Cette question se trouve dans le 1er Décan Hermétiste portant le nom de Koou.

La phrase située sous cette question déclare : « Rends-toi au 2e temple du ciel, dans la chapelle de Koou et face à l'Ouest consulte l'oracle de l'heure indiquée par le destin ». Jetez alors le dé vert. Imaginons que vous obteniez le nombre 6. L'heure correspond au nombre obtenu avec le dé vert : 6e heure.

Avancez dans le livre des oracles au 2e temple du ciel, dans la chapelle de Koou pour consulter l'oracle de l'Ouest. Choisissez alors l'oracle de la sixième heure.

Vous lirez la réponse suivante :

« Avec un bon placement et un bon conseil
Ton argent sagement mis de côté
Tu te verras finalement
Avoir un trésor amassé. »

Comme vous le voyez, le processus est très simple et obtenu rapidement.

2- Le destin

Présentation

Ce cas est adapté à une demande formulée spontanément. Vous pouvez par exemple utiliser cette méthode si aucune demande de la liste précédente ne correspond à votre préoccupation. Cette méthode est également souvent utilisée pour un éclairage global de notre vie ou pour recevoir un message quotidien des Dieux. Pour cela on utilise les trois dés ou la lecture directe indiquée plus bas.

Processus A

- concentrez-vous sur la question que vous vous posez. Vous pouvez également demander à l'oracle de vous donner des indications sur votre avenir ou la journée qui se prépare.
- Faites rouler les trois dés.
- Le dé blanc indique le Temple de l'oracle. Le dé rouge indique la chapelle et le dé vert indique l'heure de l'oracle.

Exemple

Supposons que vous avez jeté les dés et obtenu la suite suivante : 1 avec le dé blanc, 7 avec le dé rouge et 8 avec le dé vert.
Cela signifie que vous devez vous rendre au premier Temple, à la septième chapelle, écouter l'oracle de la huitième heure.
La réponse est :
« N'aie peur des assauts que l'on te donnera.
Un que tu aimes bien te réduira paisible,
Et selon tes souhaits tout te sera possible,
Car le mal qu'on te veut tôt s'évaporera. »
Si le texte est du genre féminin, adaptez-le simplement au vôtre et inversement.

Processus B

Vous pouvez également vous concentrer sur votre question, feuilleter cette partie du livre les yeux mi-clos, puis vous arrêter spontanément sur une page et pointer votre doigt sur un des oracles. Vous serez dans ce cas entièrement guidé par la puissance des Dieux.

Comme vous le voyez, ces deux processus sont une fois de plus très simples et vous serez surpris d'en découvrir l'efficacité.

SYMBOLISME DES ORACLES

Les trois dés utilisés pour interroger l'oracle sont rouge, vert et blanc. Il s'agit de trois couleurs symboliques très importantes dans l'ancienne Égypte.
Ces dés ont 8 faces, nombre sacré de la tradition hermétiste. La forme de ces dés est celle de deux pyramides soudées par leur base. La connexion avec la tradition des mystères d'Hermès trois fois grand est encore plus forte. De plus, la forme du dé produit une onde de forme spécifique qui accentue la qualité de cette pratique oraculaire.
Soulignons quelques aspects remarquables quant aux symboles et aux nombres en relation avec la structure de l'oracle.
Une maison du ciel est divisée en trois parties, chacune d'elle étant placée sous la dominance des décans égyptiens tels que définis dans la tradition attribuée à Hermès Trismégiste. Les noms de ceux-ci ont été corrigé selon les plus récentes découvertes archéologiques.
Dans ce grand temple qu'est le cosmos, une chapelle est dédiée à chaque divinité du décan. A l'intérieur de celle-ci se trouve 4 stèles

manifestant un des aspects de la divinité. Chacune d'elle est placée dans une des directions cardinales. L'oracle s'exprime sur le mode hermétiste lors de 8 différentes heures symboliques.
Dans chaque maison du ciel se trouvent 12 questions, chiffre indiquant un cycle complet du destin. Le total du nombre des questions est de 144, tandis que le nombre de réponses possibles est de 1152. Ces deux nombres sont placés sous les influences de l'Ennéade (nombre 9). L'analyse numérologique le révèle de la façon suivante : 144 = 1+4+4 = 9 et 1152 = 1+1+5+2 = 9
Si nous ajoutons ces deux nombres 144 + 1152, nous obtenons un total de 1296 (1+2+9+6 = 9).
Une fois de plus nous constatons cette présence de l'Ennéade s'élevant au-dessus de l'Ogdoade. Cette organisation est illustrée dans un des manuscrits hermétistes retrouvés en Égypte et portant le nom de « l'Ogdoade et l'Ennéade. »
Le destin est quant à lui entièrement structuré selon le nombre 8 et placé sous la protection de l'ogdoade. Il existe donc 8 temples, contenant 8 chapelles dans lesquelles les oracles s'expriment selon un cycle de huit heures symboliques. Le nombre total d'oracle est donc de 512 (5+1+2 = 8).
Pour conclure cette rapide analyse nous ferons remarquer que le nombre total d'oracles dans cet ouvrage est de 1664 ce qui se décompose de la façon suivante : 1+6+6+4 = 17 = 1+7 = 8.
Il est donc indéniable que l'ensemble de ces oracles de Paris sont placés sous la protection de l'ogdoade hermétiste.

RITUEL DE CONSULTATION DE L'ORACLE

Il est important de rappeler que l'utilisation du rituel de consultation n'est pas requise pour consulter les oracles. Vous pouvez simplement suivre les procédures indiquées précédemment. Toutefois vous pouvez souhaiter vous mettre en contact le plus directement possible avec les puissances invisibles supervisant ces oracles. Dans ce cas nous vous recommandons d'utiliser tout ou partie du rituel présenté ici.
Rappelons qu'il est important de toujours faire précéder une consultation de l'oracle par une purification. Vous pouvez pour cela boire un peu d'eau fraiche, vous laver les mains et les yeux. Vous pourrez également passer les paumes de vos mains quelques

secondes dans la chaleur dégagée par les bougies lorsque celles-ci seront allumées.

Organisez tout d'abord le lieu que vous allez utiliser pour consulter les oracles. Pendant le temps de ce rituel, vous allez créer un espace sacré et créer un canal de communication avec les puissances célestes invoquées. Ce processus se passe également lorsque vous n'utilisez pas le rituel, mais à une échelle moindre. Des techniques avancées de divination utilisant des bases similaires sont enseignées dans des Ordres initiatiques tels que l'Aurum Solis et l'Ordre des Sophisiens. Les instructions données ici reposent donc sur les sources les plus traditionnelles de la tradition occidentale.
N'hésitez pas à adapter ce rituel à votre convenance, bien que l'utilisation des différents éléments utilisés lui procurent une plus grande efficacité.

Ouverture

Installez une table en direction de l'Ouest. Vous devrez faire face à cette direction durant la consultation des oracles. Sur celle-ci, mettez une nappe blanche, huit bougies (ou vielleuses) de cire naturelle et une représentation de Thot-Djehuti. Placez à votre portée également l'encens et l'huile de divination. En l'absence de mélange spécifique, choisissez de la myrrhe et de l'huile d'olive.
Posez le livre des oracles et les trois dés à huit faces (ou leurs substituts).

Allumez les 8 bougies.
Dites :

> **Lumière et Vie naîtront du rayonnement de l'Astre et cet Astre gravira les sommets à jamais illuminés.**
> **Ô vous Puissants Gardiens, Adeptes Occultes, Habitants de l'Éternité, dont la puissante protection englobe l'Astre Glorieux de Régénération, je vous appelle.**
> **J'appelle les divines puissances présentes en ce lieu sacré !**
> **Vous toutes Puissances qui êtes en moi, chantez à l'unisson de ma volonté et participez à ce rituel de divination !**
> **Puisse ce rituel me permettre de recevoir les communications des dieux qui protègent ces oracles.**

Allumez l'encens. Élevez-le à 8 reprises devant vous en direction du ciel.

Poser l'encensoir sur votre table. Passez à travers la fumée de l'encens ce livre des oracles ainsi que les trois dés à huit faces (ou leurs substituts).
Reposez-les ensuite à leur emplacement initial.

Contemplez la représentation de Thot-Djehuti tout en ressentant sa présence.
Fermez vos yeux quelques instants en silence puis poursuivez en disant :

Salut à toi, Lune, Thot !
Toi qui fais place aux Dieux !
Toi qui connais les secrets et les inscrits en caractères sacrés !
Toi qui sais reconnaître la vérité des discours !
Toi qui es le juge de chacun de nous !
Toi, le Dieu au regard pénétrant dans la barque de millions d'années !
Toi le messager de l'humanité, qui connais l'homme selon sa parole !
Toi qui retournes l'action mauvaise contre son auteur !
Toi qui satisfais Ré !
Toi qui conseilles le seigneur unique et fais qu'il ait connaissance de tout ce qui se passe ;
Toi qui appelles les cieux au lever du soleil tu et n'oublie pas les rapports des choses passées ;
Toi qui protèges la barque du soleil durant la nuit et accompagne la barque du jour de tes bras étendus à la proue du navire ;
Toi qui saisis le cordage, lorsque la barque du jour et la barque de la nuit se retrouvent à la fête de la traversée du ciel ;
Je te salue avec respect !
L'Ennéade dans la barque de la nuit t'adore ô Thot en te disant :
« Salut à toi, fils et gloire de Ré, Toi que les Dieux acclament ! »
Sois honoré ô Thot !

Observez un moment de silence puis continuez en disant :

Thot, noble Ibis, je t'invoque !
Manifeste ta présence en ce lieu !
O Dieu qui aime Knoum ;
O écrivain de l'Ennéade ;
Grand dieu qui réside dans ta cité sainte d'Hermopolis, manifeste-toi à cet instant !

Entends mon appel !
Que ta manifestation soit puissante et qu'elle me rende grand !
Que la chaîne de la tradition hermétiste soit à cet instant manifestée.
Puissè-je être rattaché à la chaîne magique de tous ceux qui accomplissent le même rite que moi.
Ô Thot, je suis le servant de ta Maison. Puissè-je parler de tes vaillantes actions et dire avec la multitude :
« Grand es-tu Thot et grands sont tes actes ! »

Observez un moment de silence puis continuez en disant :
J'invoque la présence de Djehuti !
J'invoque les Seigneurs de l'Ogdoade, suprêmes gardiens de ces mystères !
J'invoque le pouvoir suprême du Soleil !

Prenez l'huile et tracez sur votre front le symbole de l'Étoile Glorieuse (✵) en déclamant à huit reprise le mantra sacré de la tradition théurgique de l'Aurum Solis :
En giro torte sol ciclos et rotor igne.

Observez un moment de silence puis continuez en disant :
Qu'il en soit ainsi !

L'ouverture du rituel est maintenant accomplie et vous pouvez procéder à l'interrogation de l'oracle.

Fermeture

Lorsque vous avez terminé la consultation de l'oracle et médité sur les messages reçus, vous pouvez refermer ce rituel et clore cet espace sacré.
Ajouter un peu d'encens si nécessaire.
Élevez l'encensoir devant vous en direction du ciel et dites :
Je te rends grâce, Toi le Très-Haut, qui surpasse infiniment toutes choses. C'est par ta faveur que j'ai obtenu cette si grande lumière qui me permet de te connaître.
Ô Toi l'unique que j'invoque sous des noms divers, toi qui accordes à tous les êtres ton affection paternelle, tes soins vigilants, ton amour, et tout ce qu'il peut y avoir de vertu

bienfaisante plus douce encore, écoute ma voix reconnaissante.
Tu m'as donné, comme à tous les hommes l'intellect, pour que nous puissions te connaître ; la raison, pour que nous parvenions au terme de notre quête ; la connaissance, pour qu'en te connaissant, la joie soit nôtre.
Je me réjouis donc de ce que tu te sois montré à moi tout entier.
Je me réjouis de ce que tu aies daigné placer en ma chair mortelle une substance immortelle.
Le seul moyen que j'ai de te rendre grâces, c'est de connaître ta majesté en usant des dons qui furent placés en moi.
Ô Eternel, j'ai connu ta lumière immense que seul l'esprit appréhende ; je t'ai compris, ô vie de la vie, ô toi qui portes tout ce qui vient à l'être.
J'ai reconnu en toi la permanence éternelle de toute la nature.
Ô Dieu que cet hymne, cette adoration sans réserve soit l'expression de mon amour.
Je ne te demande qu'une chose, Ô Eternel : aide-moi, ainsi que ceux qui sont animés du même désir, à demeurer persévérant dans l'amour de ta connaissance, et que je ne sois jamais éloigné de ce genre de vie.[3]

Éteignez les bougies et rangez votre matériel.

---

3 Asclepius 16:41

TABLE DES DEMANDES

LE MILIEU DE NAISSANCE

Comment les astres influencent ma vie ?

Rends-toi au 1er temple du ciel, dans la chapelle de Kontare et face à l'Ouest consulte l'oracle de l'heure indiquée par le destin.

Quelle est l'influence de mes vies antérieures ?

Rends-toi au 1er temple du ciel, dans la chapelle de Kontare et face au Nord consulte l'oracle de l'heure indiquée par le destin.

Comment intégrer mon hérédité ?

Rends-toi au 1er temple du ciel, dans la chapelle de Kontare et face à l'Est consulte l'oracle de l'heure indiquée par le destin.

Quelle attitude dois-je avoir vis-à-vis de mon éducation ?

Rends-toi au 1er temple du ciel, dans la chapelle de Kontare et face au Sud consulte l'oracle de l'heure indiquée par le destin.

LE DESTIN

Que me réserve mon destin ? Serais-je heureux ?

Rends-toi au 1er temple du ciel, dans la chapelle de Kontakre et face à l'Ouest consulte l'oracle de l'heure indiquée par le destin.

Quel sera mon avenir proche ?

Rends-toi au 1er temple du ciel, dans la chapelle de Kontakre et face au Nord consulte l'oracle de l'heure indiquée par le destin.

Quel sera mon destin en couple ?

Rends-toi au 1er temple du ciel, dans la chapelle de Kontakre et face à l'Est consulte l'oracle de l'heure indiquée par le destin.

Est-ce que je vivrai seul(e)

Rends-toi au 1er temple du ciel, dans la chapelle de Kontakre et face au Sud consulte l'oracle de l'heure indiquée par le destin.

LA VIE, L'AVOIR

Suis-je fait pour vivre seul ?

Rends-toi au 1er temple du ciel, dans la chapelle de Siket et face à l'Ouest consulte l'oracle de l'heure indiquée par le destin.

Dois-je changer de vie ?

Rends-toi au 1er temple du ciel, dans la chapelle de Siket et face au Nord consulte l'oracle de l'heure indiquée par le destin.

Dois-je prendre ma retraite ?

Rends-toi au 1er temple du ciel, dans la chapelle de Siket et face à l'Est consulte l'oracle de l'heure indiquée par le destin.

A propos de mon physique

Rends-toi au 1er temple du ciel, dans la chapelle de Siket et face au Sud consulte l'oracle de l'heure indiquée par le destin.

FINANCES

Mes revenus vont-ils augmenter ?

Rends-toi au 2e temple du ciel, dans la chapelle de Koou et face à l'Ouest consulte l'oracle de l'heure indiquée par le destin.

Ferai-je un bon placement en achetant ces propriétés ?

Rends-toi au 2e temple du ciel, dans la chapelle de Koou et face au Nord consulte l'oracle de l'heure indiquée par le destin.

Dois-je liquider mes actions ?

Rends-toi au 2e temple du ciel, dans la chapelle de Koou et face à l'Est consulte l'oracle de l'heure indiquée par le destin.

Arriverai-je à rembourser à temps mon prêt immobilier

Rends-toi au 2e temple du ciel, dans la chapelle de Koou et face au Sud consulte l'oracle de l'heure indiquée par le destin.

ACQUISITION PAR LES EFFORTS PERSONNELS

Dois-je changer de travail pour gagner plus ?

Rends-toi au 2e temple du ciel, dans la chapelle de Ero et face à l'Ouest consulte l'oracle de l'heure indiquée par le destin.

Dois-je acheter cette voiture ?

Rends-toi au 2e temple du ciel, dans la chapelle de Ero et face au Nord consulte l'oracle de l'heure indiquée par le destin.

Dois-je acheter cette propriété ?

Rends-toi au 2e temple du ciel, dans la chapelle de Ero et face à l'Est consulte l'oracle de l'heure indiquée par le destin.

Dois-je faire un emprunt supplémentaire ?

Rends-toi au 2e temple du ciel, dans la chapelle de Ero et face au Sud consulte l'oracle de l'heure indiquée par le destin.

LES QUESTIONS D'ARGENT

Amour et argent

Rends-toi au 2e temple du ciel, dans la chapelle de Rombromare et face à l'Ouest consulte l'oracle de l'heure indiquée par le destin.

Aurai-je assez d'argent pour vivre correctement ?

Rends-toi au 2e temple du ciel, dans la chapelle de Rombromare et face au Nord consulte l'oracle de l'heure indiquée par le destin.

Pourrai-je subvenir à mes besoins ?

Rends-toi au 2e temple du ciel, dans la chapelle de Rombromare et face à l'Est consulte l'oracle de l'heure indiquée par le destin.

Dois-je faire confiance à cette personne pour gérer mes finances ?

Rends-toi au 2e temple du ciel, dans la chapelle de Rombromare et face au Sud consulte l'oracle de l'heure indiquée par le destin.

FRERES ET SŒURS

Ma sœur/mon frère va-t-il rester seul ?

Rends-toi au 3e temple du ciel, dans la chapelle de Tosolk et face à l'Ouest consulte l'oracle de l'heure indiquée par le destin.

Pourquoi ma sœur/mon frère a cette situation en amour ?

Rends-toi au 3e temple du ciel, dans la chapelle de Tosolk et face au Nord consulte l'oracle de l'heure indiquée par le destin.

Que doit faire ma sœur/mon frère pour réussir dans la vie ?

Rends-toi au 3e temple du ciel, dans la chapelle de Tosolk et face à l'Est consulte l'oracle de l'heure indiquée par le destin.

Comment ma sœur/mon frère résoudra-t-il ses problèmes ?

Rends-toi au 3e temple du ciel, dans la chapelle de Tosolk et face au Sud consulte l'oracle de l'heure indiquée par le destin.

LES COURTS VOYAGES

Devrai-je sortir plus souvent ?

Rends-toi au 3e temple du ciel, dans la chapelle de Ouare et face à l'Ouest consulte l'oracle de l'heure indiquée par le destin.

Dois-je partir en voyage ?

Rends-toi au 3e temple du ciel, dans la chapelle de Ouare et face au Nord consulte l'oracle de l'heure indiquée par le destin.

Mon conjoint est-il fidèle pendant mon absence ?

Rends-toi au 3e temple du ciel, dans la chapelle de Ouare et face à l'Est consulte l'oracle de l'heure indiquée par le destin.

L'amour durant l'absence

Rends-toi au 3e temple du ciel, dans la chapelle de Ouare et face au Sud consulte l'oracle de l'heure indiquée par le destin.

LA MANIERE DE VOYAGER, LES ECRITS

Dois-je déménager ?

Rends-toi au 3e temple du ciel, dans la chapelle de Fouori et face à l'Ouest consulte l'oracle de l'heure indiquée par le destin.

Dois-je attendre ?

Rends-toi au 3e temple du ciel, dans la chapelle de Fouori et face au Nord consulte l'oracle de l'heure indiquée par le destin.

Comment se passera le séjour ?

Rends-toi au 3e temple du ciel, dans la chapelle de Fouori et face à l'Est consulte l'oracle de l'heure indiquée par le destin.

Dois-je voyager seul ?

Rends-toi au 3e temple du ciel, dans la chapelle de Fouori et face au Sud consulte l'oracle de l'heure indiquée par le destin.

LES PARENTS

Que pensent de moi mes parents ?

Rends-toi au 4e temple du ciel, dans la chapelle de Sotis et face à l'Ouest consulte l'oracle de l'heure indiquée par le destin.

Dois-je quitter maintenant le domicile de mes parents ?

Rends-toi au 4e temple du ciel, dans la chapelle de Sotis et face au Nord consulte l'oracle de l'heure indiquée par le destin.

Dois-je suivre les conseils de mes parents ?

Rends-toi au 4e temple du ciel, dans la chapelle de Sotis et face à l'Est consulte l'oracle de l'heure indiquée par le destin.

Comment prendre en charge la vieillesse de mes parents ?

Rends-toi au 4e temple du ciel, dans la chapelle de Sotis et face au Sud consulte l'oracle de l'heure indiquée par le destin.

LA VIEILLESSE

Vais-je vieillir en bonne santé ?

Rends-toi au 4e temple du ciel, dans la chapelle de Sit et face à l'Ouest consulte l'oracle de l'heure indiquée par le destin.

Que dois-je faire pour conserver le bon fonctionnement de mon cerveau ?

Rends-toi au 4e temple du ciel, dans la chapelle de Sit et face au Nord consulte l'oracle de l'heure indiquée par le destin.

Vais-je vieillir seul ?

Rends-toi au 4e temple du ciel, dans la chapelle de Sit et face à l'Est consulte l'oracle de l'heure indiquée par le destin.

Que faire pour profiter de ma vieillesse ?

Rends-toi au 4e temple du ciel, dans la chapelle de Sit et face au Sud consulte l'oracle de l'heure indiquée par le destin.

LE PATRIMOINE, CE QUI SE RAPPORTE A LA TERRE

Dois-je faire construire une maison ?

Rends-toi au 4e temple du ciel, dans la chapelle de Knoumis et face à l'Ouest consulte l'oracle de l'heure indiquée par le destin.

Comment accroitre mon patrimoine immobilier ?

Rends-toi au 4e temple du ciel, dans la chapelle de Knoumis et face au Nord consulte l'oracle de l'heure indiquée par le destin.

Quel patrimoine dois-je favoriser ?

Rends-toi au 4e temple du ciel, dans la chapelle de Knoumis et face à l'Est consulte l'oracle de l'heure indiquée par le destin.

Dois-je refuser de vendre ou de transmettre ce que je possède ?

Rends-toi au 4e temple du ciel, dans la chapelle de Knoumis et face au Sud consulte l'oracle de l'heure indiquée par le destin.

LE DESIR

Mes fréquentations sont-elles bonnes ?

Rends-toi au 5e temple du ciel, dans la chapelle de Karknoumis et face à l'Ouest consulte l'oracle de l'heure indiquée par le destin.

Dois-je garder cet amant ?

Rends-toi au 5e temple du ciel, dans la chapelle de Karknoumis et face au Nord consulte l'oracle de l'heure indiquée par le destin.

Dois-je répondre à ses attentes ?

Rends-toi au 5e temple du ciel, dans la chapelle de Karknoumis et face à l'Est consulte l'oracle de l'heure indiquée par le destin.

Faire l'amour ou non ?

Rends-toi au 5e temple du ciel, dans la chapelle de Karknoumis et face au Sud consulte l'oracle de l'heure indiquée par le destin.

L'AMOUR

L'amour secret

Rends-toi au 5e temple du ciel, dans la chapelle de Evous et face à l'Ouest consulte l'oracle de l'heure indiquée par le destin.

Dois-je aller lui parler ?

Rends-toi au 5e temple du ciel, dans la chapelle de Evous et face au Nord consulte l'oracle de l'heure indiquée par le destin.

Dois-je l'inviter ?

Rends-toi au 5e temple du ciel, dans la chapelle de Evous et face à l'Est consulte l'oracle de l'heure indiquée par le destin.

Est-ce un véritable amour ?

Rends-toi au 5e temple du ciel, dans la chapelle de Evous et face au Sud consulte l'oracle de l'heure indiquée par le destin.

LES ENFANTS

Quel est le destin de mon enfant ?

Rends-toi au 5e temple du ciel, dans la chapelle de Foupe et face à l'Ouest consulte l'oracle de l'heure indiquée par le destin.

Quel sera le destin de mon fils ?

Rends-toi au 5e temple du ciel, dans la chapelle de Foupe et face au Nord consulte l'oracle de l'heure indiquée par le destin.

Mes enfants seront-ils heureux ?

Rends-toi au 5e temple du ciel, dans la chapelle de Foupe et face à l'Est consulte l'oracle de l'heure indiquée par le destin.

Aurai-je des enfants ?

Rends-toi au 5e temple du ciel, dans la chapelle de Foupe et face au Sud consulte l'oracle de l'heure indiquée par le destin.

SANTE

Cette douleur cessera-t-elle ?

Rends-toi au 6e temple du ciel, dans la chapelle de Tom et face à l'Ouest consulte l'oracle de l'heure indiquée par le destin.

Mon régime alimentaire est-il équilibré ?

Rends-toi au 6e temple du ciel, dans la chapelle de Tom et face au Nord consulte l'oracle de l'heure indiquée par le destin.

Vais-je être en bonne santé ?

Rends-toi au 6e temple du ciel, dans la chapelle de Tom et face à l'Est consulte l'oracle de l'heure indiquée par le destin.

Humeur changeante

Rends-toi au 6e temple du ciel, dans la chapelle de Tom et face au Sud consulte l'oracle de l'heure indiquée par le destin.

MALADIES, INFIRMITES

Cette maladie va-t-elle être contenue ?

Rends-toi au 6e temple du ciel, dans la chapelle de Ouostesoukoti et face à l'Ouest consulte l'oracle de l'heure indiquée par le destin.

Quelle solution puis-je trouver à ce problème ?

Rends-toi au 6e temple du ciel, dans la chapelle de Ouostesoukoti et face au Nord consulte l'oracle de l'heure indiquée par le destin.

Quelle est l'origine de la maladie de mon ami ?

Rends-toi au 6e temple du ciel, dans la chapelle de Ouostesoukoti et face à l'Est consulte l'oracle de l'heure indiquée par le destin.

Comment puis-je éviter les graves maladies ?

Rends-toi au 6e temple du ciel, dans la chapelle de Ouostesoukoti et face au Sud consulte l'oracle de l'heure indiquée par le destin.

MAUVAISE FORTUNE

Que dois-je faire pour ne plus subir ces coups du sort ?

Rends-toi au 6e temple du ciel, dans la chapelle de Afoso et face à l'Ouest consulte l'oracle de l'heure indiquée par le destin.

Quelle est l'origine de cette suite négative d'évènements ?

Rends-toi au 6e temple du ciel, dans la chapelle de Afoso et face au Nord consulte l'oracle de l'heure indiquée par le destin.

Cette mauvaise fortune est-elle le résultat du hasard ?

Rends-toi au 6e temple du ciel, dans la chapelle de Afoso et face à l'Est consulte l'oracle de l'heure indiquée par le destin.

Dois-je demander de l'aide pour sortir de cette situation ?

Rends-toi au 6e temple du ciel, dans la chapelle de Afoso et face au Sud consulte l'oracle de l'heure indiquée par le destin.

LE CONJOINT

Puis-je lui faire confiance ?

Rends-toi au 7e temple du ciel, dans la chapelle de Soukoe et face à l'Ouest consulte l'oracle de l'heure indiquée par le destin.

Qui dois-je épouser ?

Rends-toi au 7e temple du ciel, dans la chapelle de Soukoe et face au Nord consulte l'oracle de l'heure indiquée par le destin.

Vais-je l'épouser ?

Rends-toi au 7e temple du ciel, dans la chapelle de Soukoe et face à l'Est consulte l'oracle de l'heure indiquée par le destin.

Comment choisir un époux

Rends-toi au 7e temple du ciel, dans la chapelle de Soukoe et face au Sud consulte l'oracle de l'heure indiquée par le destin.

LE MARIAGE, ASSOCIES

Dois-je me marier ?

Rends-toi au 7e temple du ciel, dans la chapelle de Ptekout et face à l'Ouest consulte l'oracle de l'heure indiquée par le destin.

Dois-je rester avec elle ?

Rends-toi au 7e temple du ciel, dans la chapelle de Ptekout et face au Nord consulte l'oracle de l'heure indiquée par le destin.

Quel sera le destin de mon mariage ?

Rends-toi au 7e temple du ciel, dans la chapelle de Ptekout et face à l'Est consulte l'oracle de l'heure indiquée par le destin.

Dois-je me remarier ?

Rends-toi au 7e temple du ciel, dans la chapelle de Ptekout et face au Sud consulte l'oracle de l'heure indiquée par le destin.

ENNEMIS, LITIGES

Aurai-je gain de cause ?

Rends-toi au 7e temple du ciel, dans la chapelle de Kontare et face à l'Ouest consulte l'oracle de l'heure indiquée par le destin.

Ta cause de justice va-t-elle être un succès ?

Rends-toi au 7e temple du ciel, dans la chapelle de Kontare et face au Nord consulte l'oracle de l'heure indiquée par le destin.

Vais-je me sortir de cette situation de justice ?

Rends-toi au 7e temple du ciel, dans la chapelle de Kontare et face à l'Est consulte l'oracle de l'heure indiquée par le destin.

Va-t-on me faire justice ? Vais-je gagner mon procès ?

Rends-toi au 7e temple du ciel, dans la chapelle de Kontare et face au Sud consulte l'oracle de l'heure indiquée par le destin.

LA MORT

Comment vais-je mourir ?

Rends-toi au 8e temple du ciel, dans la chapelle de Stoknene et face à l'Ouest consulte l'oracle de l'heure indiquée par le destin.

Qui mourra le premier, elle ou moi ?

Rends-toi au 8e temple du ciel, dans la chapelle de Stoknene et face au Nord consulte l'oracle de l'heure indiquée par le destin.

Vivrai-je longtemps ?

Rends-toi au 8e temple du ciel, dans la chapelle de Stoknene et face à l'Est consulte l'oracle de l'heure indiquée par le destin.

Comment préparer ma mort ?

Rends-toi au 8e temple du ciel, dans la chapelle de Stoknene et face au Sud consulte l'oracle de l'heure indiquée par le destin.

LES HERITAGES, LES LEGS

Quel sera mon héritage ?

Rends-toi au 8e temple du ciel, dans la chapelle de Sesme et face à l'Ouest consulte l'oracle de l'heure indiquée par le destin.

Vais-je hériter ?

Rends-toi au 8e temple du ciel, dans la chapelle de Sesme et face au Nord consulte l'oracle de l'heure indiquée par le destin.

Que dois-je faire pour hériter ?

Rends-toi au 8e temple du ciel, dans la chapelle de Sesme et face à l'Est consulte l'oracle de l'heure indiquée par le destin.

Quelle attitude auront mes sœurs et frères vis-à-vis de l'héritage ?

Rends-toi au 8e temple du ciel, dans la chapelle de Sesme et face au Sud consulte l'oracle de l'heure indiquée par le destin.

DESIR, SEXE ET PLAISIR

Désir et amour

Rends-toi au 8e temple du ciel, dans la chapelle de Sisieme et face à l'Ouest consulte l'oracle de l'heure indiquée par le destin.

Mon attitude est-elle la bonne dans cette relation ?

Rends-toi au 8e temple du ciel, dans la chapelle de Sisieme et face au Nord consulte l'oracle de l'heure indiquée par le destin.

Comment conserver mon désir ?

Rends-toi au 8e temple du ciel, dans la chapelle de Sisieme et face à l'Est consulte l'oracle de l'heure indiquée par le destin.

Dois-je consulter un Psychologue ?

Rends-toi au 8e temple du ciel, dans la chapelle de Sisieme et face au Sud consulte l'oracle de l'heure indiquée par le destin.

LONGS VOYAGES

Dois-je entreprendre ce voyage ?

Rends-toi au 9e temple du ciel, dans la chapelle de Reouo et face à l'Ouest consulte l'oracle de l'heure indiquée par le destin.

Dois-je repartir ?

Rends-toi au 9e temple du ciel, dans la chapelle de Reouo et face au Nord consulte l'oracle de l'heure indiquée par le destin.

Mon séjour à l'étranger sera-t-il bon ?

Rends-toi au 9e temple du ciel, dans la chapelle de Reouo et face à l'Est consulte l'oracle de l'heure indiquée par le destin.

Dois-je faire de longs voyages, même si je suis seule ?

Rends-toi au 9e temple du ciel, dans la chapelle de Reouo et face au Sud consulte l'oracle de l'heure indiquée par le destin.

RELIGION, EXPERIENCES ET ASPIRATION SPIRITUELLES

Dois-je pratiquer davantage ma religion ?

Rends-toi au 9e temple du ciel, dans la chapelle de Sesme et face à l'Ouest consulte l'oracle de l'heure indiquée par le destin.

Dois-je rejoindre une autre spiritualité ?

Rends-toi au 9e temple du ciel, dans la chapelle de Sesme et face au Nord consulte l'oracle de l'heure indiquée par le destin.

Quel type de spiritualité est bonne pour moi ?

Rends-toi au 9e temple du ciel, dans la chapelle de Sesme et face à l'Est consulte l'oracle de l'heure indiquée par le destin.

Dois-je pratiquer ma spiritualité individuellement ?

Rends-toi au 9e temple du ciel, dans la chapelle de Sesme et face au Sud consulte l'oracle de l'heure indiquée par le destin.

PASSIONS ET IDEAUX

Dois-je poursuivre ma passion des armes de chasse ?

Rends-toi au 9e temple du ciel, dans la chapelle de Komme et face à l'Ouest consulte l'oracle de l'heure indiquée par le destin.

Comment exprimer mes idéaux ?

Rends-toi au 9e temple du ciel, dans la chapelle de Komme et face au Nord consulte l'oracle de l'heure indiquée par le destin.

Dois-je m'accrocher à mes idéaux ?

Rends-toi au 9e temple du ciel, dans la chapelle de Komme et face à l'Est consulte l'oracle de l'heure indiquée par le destin.

Dois-je contrôler mes passions ?

Rends-toi au 9e temple du ciel, dans la chapelle de Komme et face au Sud consulte l'oracle de l'heure indiquée par le destin.

MA FORMATION, MES ETUDES

Dois-je poursuivre mes études ?

Rends-toi au 10e temple du ciel, dans la chapelle de Smat et face à l'Ouest consulte l'oracle de l'heure indiquée par le destin.

Vais-je réussir ?

Rends-toi au 10e temple du ciel, dans la chapelle de Smat et face au Nord consulte l'oracle de l'heure indiquée par le destin.

Faut-il entrer dans l'armée ?

Rends-toi au 10e temple du ciel, dans la chapelle de Smat et face à l'Est consulte l'oracle de l'heure indiquée par le destin.

Recevrai-je une aide de mes supérieurs ?

Rends-toi au 10e temple du ciel, dans la chapelle de Smat et face au Sud consulte l'oracle de l'heure indiquée par le destin.

PROFESSION, OCCUPATIONS

Aurai-je cet emploi ?

Rends-toi au 10e temple du ciel, dans la chapelle de Sro et face à l'Ouest consulte l'oracle de l'heure indiquée par le destin.

Cette entreprise va-t-elle réussir ?

Rends-toi au 10e temple du ciel, dans la chapelle de Sro et face au Nord consulte l'oracle de l'heure indiquée par le destin.

Arriverai-je à remporter la victoire ?

Rends-toi au 10e temple du ciel, dans la chapelle de Sro et face à l'Est consulte l'oracle de l'heure indiquée par le destin.

Avancement dans la carrière

Rends-toi au 10e temple du ciel, dans la chapelle de Sro et face au Sud consulte l'oracle de l'heure indiquée par le destin.

HONNEURS, POSITION SOCIALE

Vais-je être promu dans mon travail ?

Rends-toi au 10e temple du ciel, dans la chapelle de Isro et face à l'Ouest consulte l'oracle de l'heure indiquée par le destin.

Mon mérite sera-t-il reconnu ?

Rends-toi au 10e temple du ciel, dans la chapelle de Isro et face au Nord consulte l'oracle de l'heure indiquée par le destin.

Vais-je recevoir une gratification, une augmentation ?

Rends-toi au 10e temple du ciel, dans la chapelle de Isro et face à l'Est consulte l'oracle de l'heure indiquée par le destin.

Dois-je accepter cette proposition ?

Rends-toi au 10e temple du ciel, dans la chapelle de Isro et face au Sud consulte l'oracle de l'heure indiquée par le destin.

AMITIES

Amour ou amitié

Rends-toi au 11e temple du ciel, dans la chapelle de Ptiaou et face à l'Ouest consulte l'oracle de l'heure indiquée par le destin.

Aurai-je de L'amitié ?

Rends-toi au 11e temple du ciel, dans la chapelle de Ptiaou et face au Nord consulte l'oracle de l'heure indiquée par le destin.

Trahison de l'amitié

Rends-toi au 11e temple du ciel, dans la chapelle de Ptiaou et face à l'Est consulte l'oracle de l'heure indiquée par le destin.

Me ferai-je des amis dans ce groupe ?

Rends-toi au 11e temple du ciel, dans la chapelle de Ptiaou et face au Sud consulte l'oracle de l'heure indiquée par le destin.

RELATIONS TEMPORAIRES

Attitudes vis-à-vis de vos fréquentations

Rends-toi au 11e temple du ciel, dans la chapelle de Abiou et face à l'Ouest consulte l'oracle de l'heure indiquée par le destin.

Faut-il croire mon amant ?

Rends-toi au 11e temple du ciel, dans la chapelle de Abiou et face au Nord consulte l'oracle de l'heure indiquée par le destin.

Amour saphique

Rends-toi au 11e temple du ciel, dans la chapelle de Abiou et face à l'Est consulte l'oracle de l'heure indiquée par le destin.

Que dois-je espérer de cet amour ?

Rends-toi au 11e temple du ciel, dans la chapelle de Abiou et face au Sud consulte l'oracle de l'heure indiquée par le destin.

GROUPES ET LOISIRS

Serais-je bien accueilli ?

Rends-toi au 11e temple du ciel, dans la chapelle de Pvousbuou et face à l'Ouest consulte l'oracle de l'heure indiquée par le destin.

Ce loisir est-il fait pour moi ?

Rends-toi au 11e temple du ciel, dans la chapelle de Pvousbuou et face au Nord consulte l'oracle de l'heure indiquée par le destin.

A quoi dois-je consacrer mon temps libre ?

Rends-toi au 11e temple du ciel, dans la chapelle de Pvousbuou et face à l'Est consulte l'oracle de l'heure indiquée par le destin.

Dois-je prendre le temps de pratiquer ce sport ?

Rends-toi au 11e temple du ciel, dans la chapelle de Pvousbuou et face au Sud consulte l'oracle de l'heure indiquée par le destin.

DESAGREMENTS, ENNUIS, MAUVAISE FORTUNE

La rupture

Rends-toi au 12e temple du ciel, dans la chapelle de Abiou et face à l'Ouest consulte l'oracle de l'heure indiquée par le destin.

A qui dois-je faire confiance ?

Rends-toi au 12e temple du ciel, dans la chapelle de Abiou et face au Nord consulte l'oracle de l'heure indiquée par le destin.

La vérité va-t-elle triompher ?

Rends-toi au 12e temple du ciel, dans la chapelle de Abiou et face à l'Est consulte l'oracle de l'heure indiquée par le destin.

Dois-je rester seul, maintenant qu'elle n'est plus là ?

Rends-toi au 12e temple du ciel, dans la chapelle de Abiou et face au Sud consulte l'oracle de l'heure indiquée par le destin.

ENNEMIS SECRETS, COMPLOTS

Médisances

Rends-toi au 12e temple du ciel, dans la chapelle de Kontare et face à l'Ouest consulte l'oracle de l'heure indiquée par le destin.

Doutes sur l'amour

Rends-toi au 12e temple du ciel, dans la chapelle de Kontare et face au Nord consulte l'oracle de l'heure indiquée par le destin.

Ais-je perdu sa faveur ?

Rends-toi au 12e temple du ciel, dans la chapelle de Kontare et face à l'Est consulte l'oracle de l'heure indiquée par le destin.

Suis-je la victime d'une attaque secrète ?

Rends-toi au 12e temple du ciel, dans la chapelle de Kontare et face au Sud consulte l'oracle de l'heure indiquée par le destin.

CHAGRINS, MALADIES CHRONIQUES

Malheurs d'amour

Rends-toi au 12e temple du ciel, dans la chapelle de Ptibiou et face à l'Ouest consulte l'oracle de l'heure indiquée par le destin.

Sa maladie est-elle grave ?

Rends-toi au 12e temple du ciel, dans la chapelle de Ptibiou et face au Nord consulte l'oracle de l'heure indiquée par le destin.

Pourquoi ai-je ce sentiment de tristesse ?

Rends-toi au 12e temple du ciel, dans la chapelle de Ptibiou et face à l'Est consulte l'oracle de l'heure indiquée par le destin.

Pourquoi toutes ces maladies s'abattent-elles sur moi ?

Rends-toi au 12e temple du ciel, dans la chapelle de Ptibiou et face au Sud consulte l'oracle de l'heure indiquée par le destin.

RÉPONSE AUX DEMANDES

1ER TEMPLE DU CIEL

Chapelle de Kontare

Oracle de l'Ouest

1er Heure
L'astre sous lequel vous êtes né,
Vous prodigue toute grâce, vous rendant agréable à tous.
Toujours l'on vous verra bon, gracieux et doux,
Car votre âme est en tout bien fortunée.

2e Heure
Votre humble modestie et ce doux entretien,
Vos façons, qui ne sont que la même sagesse,
Nous font voir qui gouverne ainsi votre jeunesse,
Et que l'astre de votre naissance en aide le seul maintien.

3e Heure
Par l'influence de l'astre sous lequel vous êtes né,
Vos yeux sont souvent pleins de regards furieux,
Et vos propos plus doux semblent injurieux,
Car voilà les effets de son influence.

4e Heure
Lorsque Diane rencontre le soleil,
Votre nature s'apaise et se calme.
Nul doute que les astres guidant votre âme,
Vous manifesteront leur pouvoir par un plus profond éveil.

5e Heure
Un bien mauvais signe arriva quand vous êtes née,
Mais le doux ascendant d'un Astre généreux
Influa tant d'amour et douceur en vos yeux
Que le même bonheur vous avez hérité.

6e Heure
Vos regards sont piquants,
Toutefois la blessure en est moins dommageable,
Car votre astre vous fit plus qu'il est agréable,
Bien que selon moi vous restez sous ses influences.

7e Heure
Votre humeur fait assez connaitre sous quel astre
Vous fûtes assujetti lorsque vous êtes né.
Vous êtes par votre astre tellement dominé
Que j'ai peur qu'à la fin il vous cause un désastre.

8e Heure
L'astre qui vous régit depuis votre naissance,
Et duquel les effets nous sont tant reconnus,
C'est celui que l'on dit dominateur.
Cependant, il est meilleur qu'il n'est mauvais, pour qui a de la patience.

Oracle du Nord

1er Heure
Du passé vous devez vous méfier.
N'oubliez pas qu'être ici vous avez choisi
Pour avancer vers la lumière c'est ici
Qu'il vous faut agir et vous améliorer.

2e Heure
Cette force, cette énergie,
Ne vient pas de vos ancêtres de sang.
C'est de votre expérience passée dans les champs
Que vous pouvez aujourd'hui supporter votre vie.

3e Heure
Jadis grand, vous avez dû descendre.
Même difficile à croire c'est de haut que vous êtes parti.
Retrouvez en vous cette énergie.
C'est par elle que vous pourrez grandir et vaincre.

4e Heure
Depuis des siècles, vous avez construit,
Cette âme qui vous suit et vous guide.
C'est dans le secret du cœur que la furieuse ide
Doit-être combattue pour garder le meilleur du fruit.

5e Heure
La politique fut votre vie.
Ouvrez davantage vos yeux sur les jeux du pouvoir,
Car pour monter dans la société il faut le vouloir.
La politique sera pour vous une source de joie, à mon avis.

6e Heure
Travailleur de la terre vous étiez et vers Gaia vous irez.
Elle seule vous apporte l'équilibre et la paix.
Laissez les mondanités de côté.
Baissez vos yeux. C'est de la terre que votre vie se fera.

7e Heure
Religieuse fut votre vie et spirituelle est votre quête.
N'hésitez pas à aller plus loin.
Lisez, écoutez, cherchez avec soin.
Votre âme à soif de hauteur et de lumière les Dieux vous revêtent.

8e Heure
Coléreux et trop vif, dans la vie vous vous emportez,
Car vous avez trop souffert dans votre vie passée.
Respirez et méditez sans vous lasser.
C'est ainsi que vous pourrez progresser, mourir et renaître encore.

Oracle de l'Est

1er Heure
Avec bonté et patience vous devez regarder
Vos parents qui bataillèrent pour votre vie.
C'est ainsi que des vertus vous devez faire votre lit
Pour réussir et vous faire aimer.

2e Heure
Pendant des années vous avez fait silence.
Maintenant est venu le temps de parler.
N'hésitez pas à approcher ceux qui vous ont porté.
La paix viendra de votre faculté à saisir cette chance.

3e Heure
Refuser ces défauts, sans attendre vous devez.
Il vous appartient de modifier ce qui est mal.
Oui vous échouez parfois, mais ne faiblissez pas.
Car votre courage doit s'associer à votre foi.

4e Heure
La force de vos pères a été oubliée.
Ouvrez les livres de votre histoire cachée.
Il n'est pas trop tard pour apprendre du passé
Et retrouver la puissance de vos ainés.

5e Heure
Naître dans votre famille fut un choix aujourd'hui oublié.

C'est par votre volonté que vous le ferez votre
Ce que les Dieux vous ont transmis comme biens.
Vous êtes un tout et il ne faut cesser d'avancer.

6e Heure
Votre sang est votre vie et votre mémoire.
Chacune des vos respirations attise votre feu intérieur.
Poursuivez cette œuvre pour que le supérieur et l'inférieur
S'unissent dans le secret de votre être.

7e Heure
Lourd est votre héritage, il faut en convenir.
Pour l'assimiler, vous devez établir la paix.
Souvenez-vous de vos jeunes années.
Retenez ce qui est bon et rejetez ce qui peut nuire.

8e Heure
Ne vous torturez plus sur votre vie passée.
Ce que vous avez vécu est maintenant votre,
Acceptez-le sans attendre un temps prochain.
C'est maintenant que vous devez vous décider.

Oracle du Sud

1er Heure
Tous les héritages ne sont pas faciles à porter.
Prenez conscience de votre chance
Et ne vous laissez par entraîner par vos tendances.
Accepter ce que vous avez reçu vous aidera dans l'adversité.

2e Heure
Il est temps de faire le tri.
Vous avez une personnalité et une fierté.
Pensez à ce que vous êtes et à ce que vous faites.
Ainsi meilleure sera votre vie

3e Heure
Ne confondez pas principes et éducation.
Ceux qui vous ont élevé
Ont voulu pour vous faire preuve de bonté.
Acceptez leur amour et vous pourrez briller par vos actions.

4e Heure
C'est ce que vous n'avez pas jusque-là remarqué,
Qui fera de vous ce que vous devez devenir.
Marchez avec confiance vers cet avenir,

Si vous acceptez de faire face aux silences aujourd'hui oubliés.

5e Heure
Vous avez reçu une morale qui vous a formé.
Examinez ses principes et ne retenez
Que ceux qui aident à votre maintien.
Ce n'est qu'ainsi que vous pourrez vous réaliser.

6e Heure
Pourquoi vous posez vous cette question ?
Cela fait des années que vous vivez sans souci.
Aidé et soutenu par ceux qui vous ont nourri.
Ouvrez vos yeux. C'est le moment de l'action.

7e Heure
Des enfants sont proches de vous.
Examinez les valeurs que vous aimez.
Ce sont elles qui vous aident
Pour aider vos enfants à aller plus loin que vous.

8e Heure
Chérissez votre formation et vos études.
C'est avec cela que vous pourrez affronter la vie.
Rien n'est aisé ici.
Mais en vous formant vous réussirez, sans aucun doute.

Chapelle de Kontakre

Oracle de l'Ouest

1er Heure
L'astre qui domina lorsque vous êtes né
Resplendit au-dessus de vous la corne d'abondance.
Rares sont ceux qui ont cette influence si heureuse prodiguée.
Vous serez du bonheur à jamais fortuné.

2e Heure
C'est grâce que le Ciel vous a fait jusque-là,
D'avoir vécu heureux comme vous avez fait.
Car, avant que soyez en votre âge parfait,
Vous avez couru une aventure.

3e Heure
Soyez sage et non présomptueux.
Vous serez heureux si vous savez vous conduire.
C'est le seul point qui peut détruire votre fortune,

Puisque tout dépend de la discrétion.

4e Heure
N'espérez point votre vie être bienheureuse.
Vous serez accablé de mille malheurs,
De maux, d'afflictions, de douleurs,
Et sa fin, je le crains, sera contagieuse.

5e Heure
Heureux on ne peut être au monde davantage
Comme votre horoscope en tout vous le promet
Car toute espèce d'heure en toute heure il remet
Franc de tous les périls qui l'humain endommage.

6e Heure
Vous ne serez heureux ni malheureux aussi,
Toujours d'un même train s'entretiendra votre vie,
Sans être du bonheur ni du malheur suivi ;
Les plus beaux de vos jours se passeront ainsi.

7e Heure
Dès la première heure, les Dieux veilleront sur vous
Vous accompagnant et guidant vers le succès.
Mais si par votre vie vous les repoussez,
Ils sauront revenir sur leur bonté et appliquer la loi.

8e Heure
Votre âme est encore jeune
Et beaucoup de vos actions ne seront pas faciles.
Gardez courage dans les moments difficiles,
Car votre volonté vous aidera à vaincre.

Oracle du Nord

1er Heure
Si vous mangez trop en quantité,
Vous aurez toujours le corps douloureux.
Si vous parvenez à contrôler votre désir,
Le succès en sera votre santé.

2e Heure
Vous allez avoir de très bonnes surprises
Avant que l'an s'achève, ou bien dans dix-huit mois.
Un message viendra de deux côtés à la fois :
D'une personne irritée et d'une rencontre omise.

3e Heure
Vous risquez un virus et sans difficulté,
Car vous faites l'effet de celui qui le cherche,
Et ce comportement tellement vous allèche
Que bientôt vous direz que c'est la vérité.

4e Heure
Un bonheur vous arrivera que vous n'attendiez pas,
Dans une proche rencontre.
Gardez-vous du dédain à son encontre
Car ce serait l'annonce de votre trépas.

5e Heure
On attendra sur vous et si vous n'y prenez garde,
On vous fera passer à la nage le fossé.
Vous êtes par quelqu'un menacé.
Tenez-vous désormais sur vos gardes.

6e Heure
Celle qui vous aime tant et qui vous est si chère,
Et dont l'amour est votre, ainsi que vous le prétendez,
Vous rendra d'elle si mécontent,
Que vous n'aurez jamais d'elle une bonne chère.

7e Heure
Autour de vous si les opportunités viennent,
Mais aveugle vous êtes et vous allez.
Ouvrez votre esprit, vos yeux et vos bras.
Ainsi la réussite pourra être votre.

8e Heure
Prenez garde au double sept dans votre vie.
Sous son signe les risques se pressent.
Prenez garde que ce signe ne vous blesse,
Car son pouvoir vous défie.

Oracle de l'Est

1er Heure
De plusieurs conjoints vous n'en pleurerez qu'un,
Et vous aurez de tous eu un bon mariage.
Ils auront augmenté de biens votre héritage,
Mais le dernier sera plus favori qu'aucun.

2e Heure
Le bonheur sera en votre mariage,

Car sans adversité vos jours se passeront.
Vos ans de même, en lui, s'écouleront,
Sans ennui, sans chagrin, jusqu'à votre vieil âge.

3e Heure
Vous aurez deux mariages dès la première année,
Car l'un peu de temps durera.
Mais ne vous en étonnez pas tant que cela.
L'autre vous laissera quand vous serez lassée.

4e Heure
Vous n'aurez qu'un mariage pour votre contentement.
Il sera comme vous le désirez tellement.
Il sera à vous jusqu'en vos vieux ans,
Toujours paisiblement.

5e Heure
Vous aurez plusieurs mariages dans la vie,
Mais non par choix ou par légèreté.
Le destin est tel que chacun doit accepter
La vie et ce que son fleuve charrie.

6e Heure
Il sera votre soutien et vous serez sa vie,
Car ensemble vous mourrez un jour.
C'est le plus cher désir d'un véritable amour,
Que de mourir toujours unis.

7e Heure
Comme une étoile dans le firmament
Votre amour brillera au long des ans.
Gardez-vous d'épier, de douter toujours
Car ce serait la mort de vos amours.

8e Heure
Le mariage n'est pas la solution
Pour un être comme vous.
Mais peut-être devez vous
Accomplir autrement votre incarnation ?

Oracle du Sud

1er Heure
En étant trop aimable et trop de bonne grâce,
Gardez-vous de fléchir aux désirs de vos parents.
Ils vous veulent pour eux, mais attendez deux ans,

Qu'un autre se mette à votre place.

2e Heure
Il vous y faut résoudre et dire que c'est le destin
Qui, pour votre salut et pour vous rendre heureuse,
Vous attire à ce bien d'être seule.
Résignez-vous, car ainsi seule vous vivrez bien.

3e Heure
Ôtez de vous cette pensée qui ruine votre âme,
Et ne montrez à personne votre désespoir.
Vous pouvez l'avoir pour vous si c'est votre espoir.
Rien ne peut éteindre une si vive flamme.

4e Heure
Vous êtes née pour mener une vie spirituelle.
Rien d'autre ne vous satisfera. Vous devez délaisser
Les plaisirs profanes et toute vanité.
Le bonheur intérieur et solitaire doit vous être essentiel.

5e Heure
Ce serait grand dommage, à ce moment de votre vie,
De priver le monde de vos qualités.
Laissez les idées de solitude de côté.
Ouvrez-vous aux autres et resplendissez.

6e Heure
Vous devez conserver votre pureté intérieure pour vivre heureux.
Offrir au divin votre immortalité,
Vos prières et votre humilité.
Car il est écrit que la solitude vous évitera d'être malheureux.

7e Heure
Le moment approche où votre doute sera levé.
Une rencontre inopinée chez des amis communs
Ouvrira pour vous la porte de l'âme que chacun,
Au milieu des troubles de la vie, essaie de viser.

8e Heure
Oui la solitude est dure à apprécier.
Mais votre voix intérieure vous a déjà dit,
Que pour être heureux dans votre vie,
Il faut d'abord accepter ce que vous êtes.

Chapelle de Siket

Oracle de l'Ouest

1er Heure
Vous n'êtes point né pour être enfermé dans un cloître,
Mais plutôt pour peupler la terre.
Trouvez donc votre complément pour recréer votre équilibre.
Il faut être apprenti avant que d'être un maitre.

2e Heure
Vers le divin, élevez votre cœur et votre volonté,
Car c'est ce qui est essentiel pour vous.
Mais ne perdez pas l'espoir de trouver pour vous
Ce que le destin dans les prochaines semaines va vous apporter.

3e Heure
Retirez-vous bien loin de cette condition,
Ou autrement votre nom est perdu ;
Il n'y a qu'un seul point qui vous la restitue,
Faire une belle union.

4e Heure
Sur toutes conditions que vous pourrez élire,
Nulle ne vous convient tout à fait.
Vous savez de quels métiers vous vous êtes toujours mêlé :
A cette condition il faut que vous vous retiriez.

5e Heure
Tout semble vous pousser à être toujours seul.
Mais prenez garde à ne pas subir cela comme un commandement.
Vous n'en aurez jamais que mécontentement,
Car vous savez déjà ce que vous voulez pour vous seul.

6e Heure
Fortune vous promet en cette condition
Beaucoup de bonheur et de biens, si vous voulez la suivre.
Vous en êtes au chemin et il ne faut pas lui nuire.
Vous aurez du plaisir à cette élection.

7e Heure
Demain vous saurez enfin
Ce que l'avenir vous a réservé.
Ne croyez pas que les opportunités soient terminées.
C'est maintenant que vous pourrez penser à la meilleure fin.

8e Heure
Oui c'est bien ainsi que vous devez vivre.
Vous pouvez en changer si vous n'es pas satisfait.
Mais un tel acte ne se fait pas avec facilité.
Force et courage, il vous faudra apprendre.

Oracle du Nord

1er Heure
Non, vous n'êtes pas à cette humeur nourrie,
Et jamais ne pourrez comme il faut l'aimer.
Suivez votre première vie, sans en goûter l'amertume.
Si vous faites autrement, vous en seras meurtrie.

2e Heure
Demeurez toute seule en votre maison,
Contentez votre esprit de ce que vous pourrez,
Aimez votre ménage et très bien vous ferez.
C'est à la campagne que devez faire votre retraite.

3e Heure
Gardez-vous bien de faire une rustique vie,
Fuyez comme le feu la campagne et les champs.
Ou bientôt vous changerez en pleurs les chants ;
Faites votre retraite où l'humeur vous convie.

4e Heure
Vous devez les aimer et chérir pour jamais.
Vous y êtes nourrie, ils sont votre naissance.
Vous n'avez en nul lieu meilleure connaissance.
Il vous y faut toujours demeurer désormais.

5e Heure
Non, de nous laisser n'ayez pas l'envie,
Pour aller dans quelque pays désert.
En ces lieux, une beauté à personne ne sert,
Et la vôtre mérite d'être toujours servie.

6e Heure
Vous n'avez plus de pouvoir, il est en puissance
De celui qui domine et votre cœur et votre loi.
Il faut lui obéir, faites donc ce que vous devez.
Son vouloir est qu'à la campagne vous ayez résidence.

7e Heure
C'est déjà une réponse que de vous poser la question.

Que dit votre voix intérieure ?
Sentez-vous ce souffle supérieur ?
C'est ce que vous devez écouter pour trouver la solution.

8e Heure
N'attendez pas un moment de plus.
C'est aujourd'hui qu'il faut agir.
Pour avoir une chance d'aboutir,
Il vous faut décider et ne pas céder une fois de plus.

Oracle de l'Est

1er Heure
Quand un homme a passé sa jeunesse,
Il doit se retirer chez lui paisiblement,
Pour vivre avec les siens en tout contentement,
Et se réjouir de sa de vieillesse.

2e Heure
Si votre humeur est de vivre en tracassant le monde,
Vous ne devez point parler de vous retirer.
Ce serait vouloir vous-même vous peiner
De retrancher de vous cette humeur vagabonde.

3e Heure
Dès maintenant il est temps que vous preniez la retraite.
De faire le jeune, il n'en est plus le moment.
Vous as déjà passé le meilleur de vos ans.
Retirez-vous chez vous pour en vivre le reste.

4e Heure
Lorsqu'une passion, amoureusement délicieuse,
Vous contraindra d'aimer une douce beauté,
Alors vous ne pourrez, plein de félicité,
Vous retirer du joug de cette douce contrainte.

5e Heure
Après cinquante et cinq ans pensez à vous retirer.
Fuyez le monde. Abandonnez toute soumission.
Ne vous arrêtez point à votre affection,
Autrement vous aurez une grande disette.

6e Heure
Ce sera quand vous voudrez car vous allez avoir l'âge.
Ne prenez ce conseil que de vous seulement.
Vous ne pouvez le faire ainsi qu'heureusement.

Il vous faut vous retirer où votre cœur demeure.

7e Heure
Oui c'est le moment que vous attendez.
Faites le bilan sur vos accomplissements.
Toute votre vie est faite de moments
Qui vous aideront à la terminer bellement.

8e Heure
Vous savez que vous ne pouvez rester sans agir.
Cherchez d'autres opportunités,
Car par le poids de vos années
Votre santé peut fléchir.

Oracle du Sud

1er Heure
La beauté qu'elle possède peut bien durer en elle,
Sans craindre que le chaud lui soit contraire en rien.
Conservant ces beaux yeux et se conservant bien,
Elle peut sa beauté rendre perpétuelle.

2e Heure
Le temps ne pourra rien sur cette grande beauté,
Car nature l'a faite en soi comme éternelle.
Mille beautés extrêmes sont en elle,
Qui chacune a sa propriété.

3e Heure
Votre beauté ne sera pas de longue durée.
C'est une belle fleur fragile qu'un soleil va fanant.
Elle est de ces beautés de maintenant
Que l'artifice fait durer juste une soirée.

4e Heure
Jusqu'à trente-cinq ans votre beauté durera,
Et davantage encore si elle est conservée.
Mais ce que vous avez fait ne l'a pas préservée
Et comme le temps elle passera.

5e Heure
Mais que de douceur sur votre visage !
Quelle beauté dans vos cheveux !
Je crois qu'ils sont des hommes et des Dieux.
Vous serez éternelle en votre bonne grâce.

6e Heure
L'humeur que vous avez vous rend la plus belle,
Car elle est estimable autant que la beauté.
Si ainsi vous continuez
Elle persistera pour vous rendre immortelle.

7e Heure
De vous regarder, il faut arrêter.
C'est dans les yeux des autres que vous existez
Et non dans le miroir sur lequel vous méditez.
Car pour garder la jeunesse, il faut les ans oublier.

8e Heure
Admettez de vous voir comme vous êtes.
Un miroir ne ment pas.
Il est froid et plat.
Changez votre comportement pour trouver la vérité.

2E TEMPLE DU CIEL

Chapelle de Koou

Oracle de l'Ouest

1er Heure
Celui que vous avez rencontré, les jours passés
Va ouvrir une perspective inespérée
Le jour sera alors bien différent
Lorsque vous vous tournerez vers le levant.

2e Heure
Méfiance vis-à-vis de l'étranger !
Nul ne peut s'y fier ni aux clameurs
De la foule, lorsque excitée,
Elle n'attire que le malheur.

3e Heure
Vos efforts seront récompensés
Par les puissances invisibles et bienveillantes.
Il est bon d'être obstiné.
Ne succombez pas à ce qui vous tourmente.

4e Heure
Détournez-vous du passé
Car très bientôt les choses vont changer

Les fonds que vous cherchez
Vous seront enfin offerts.

5e Heure
Tout le monde rencontre des défaites et des victoires
Ne renoncez donc pas
Face à l'adversité, choisissez le courage
C'est ainsi que l'on vainc avec gloire.

6e Heure
Avec un bon placement et un bon conseil
Votre argent sagement mis de côté
Vous vous verrez finalement
Avoir un trésor amassé.

7e Heure
N'hésitez pas à prendre conseil
De celle que vous avez rencontrée il y a peu ;
Sachez tendre l'oreille
Car c'est vraiment ce que vous voulez.

8e Heure
Pour atteindre votre objectif
Ne limitez pas vos projets
Vous devez ouvrir votre esprit
Pour que ceux-ci se réalisent.

Oracle du Nord

1er Heure
Peut-être cela aura-t-il lieu.
Vous êtes seul juge de vos choix
Et pour pouvoir être heureux
A ce sujet vous succomberez.

2e Heure
Nul ne possède vraiment la terre
Qui appartient aux Dieux.
Contemplez cette vérité de vos propres yeux
Et le succès vous sera offert.

3e Heure
Ecoutez votre intuition !
Ignorez les jaloux.
Poursuivez votre ambition
Et le succès vous accompagnera partout.

4e Heure
Nul besoin de vous inquiéter
Sur cet investissement immobilier.
Tout saura bien se présenter
Pour vous assurer un bon placement.

5e Heure
Laissez de côté
Vos craintes et votre timidité.
L'audace apporte le succès
A vous de saisir cette opportunité.

6e Heure
Les Dieux vous seront bienveillants
Si vous les honorez réellement.
Ils seront peut-être même favorables
Si aussi vous réalisez une action louable.

7e Heure
Ne tentes rien d'inespéré.
La valeur des biens n'est pas ce qui vous attire.
Laissez donc de côté toute cette vanité.
Profitez de votre vie et du temps qui s'enfuit.

8e Heure
Ce placement peut être une bonne opération.
Si vous avez la confiance des grands
Ils vous prêteront alors tout leur argent
Et jamais rien en retour ne vous demanderont.

Oracle de l'Est : Dois-je liquider mes actions ?

1er Heure
Avoir encore plus de liquidités
N'est jamais un défaut.
Vous pouvez vous défaire de celles qui sont en trop
Et quelques autres conserver.

2e Heure
Méditez dans vos moments solitaires
Sur votre vie et votre place sur terre.
Voulez-vous être parmi ceux
Qui ne pensent qu'à eux ?

3e Heure
Vous avez certainement raison de penser

Qu'il est pour vous temps de liquider
Des fonds dont vous n'avez pas besoin
Et qui en fait ne vous servent à rien.

4e Heure
Les temps sont difficiles.
C'est bien un fait que vous connaissez.
Ce n'est plus l'heure des futilités
Il vous faut désormais être réaliste.

5e Heure
N'hésitez pas à prendre conseil
De ceux qui sont dans ce domaine.
Il vous faut être bien avisé
Avant de pouvoir vous décider.

6e Heure
Les puissances invisibles sont présentes
Même si vous ne les entendez pas.
Elles tiennent entre elles conseil.
A vous de leur prêter l'oreille.

7e Heure
Telle la fourmi vous avez mis de côté
Autant de fonds que vous le pouviez
Vous pouvez en vendre c'est certain
Mais gardez-en tout de même sous la main.

8e Heure
L'heure de cette décision est importante
A ce niveau tout détail compte
Renseignez-vous bien et faites vos comptes
Avant toute décision définitive.

Oracle du Sud

1er Heure
Vous pouvez ménager vos dépenses
Mettre de côté quelque argent
Car il vous faudra bien à temps
Rembourser cette large dépense.

2e Heure
Vous pensez à tant de choses légères et plaisantes
A tant de moments exquis et lointains
Que vous en avez oublié vos engagements !

Ressaisissez-vous avant après-demain.

3e Heure
Vous êtes comme la fourmi de la fable :
Travaillant dur et sans relâche,
Votre argent mis de côté vous permet
Dans les temps impartis de tout rembourser.

4e Heure
Il est un peu trop tard pour vous en préoccuper.
Ajouter un nouveau revenu
Pour éviter de vous trouver dépourvu.
Avant la fin de la lune, vous devez avoir trouvé.

5e Heure
Il est bien tard pour vous questionner
Vous avez peu de temps pour vous organiser
Et aussi tous ces mois, épargné si peu d'argent
Qu'il vous faudra à nouveau emprunter certainement !

6e Heure
Contactez en hâte votre agent
Expliquez-lui votre situation
Soyez des plus convaincants
Pour qu'il vous offre une autre option.

7e Heure
Votre demeure est grande et confortable
Vous y avez mis tout ce qui vous plaît
Il serait donc bien regrettable
De ne pas pouvoir la rembourser.

8e Heure
N'ayez crainte sur ce point
Votre sagesse vous a bien conseillé
Et ainsi pour votre prêt
Tout vous permet de le rembourser.

Chapelle de Ero

Oracle de l'Ouest

1er Heure
Méditez plusieurs fois sur le cours de votre vie.
Qu'attendez-vous pour écarter les soucis ?
D'un revenu trop juste pour vivre confortablement,

C'est un choix que vous devez faire régulièrement.

2e Heure
Toute opportunité qui se présente à vous
Peut être considérée sans pour autant la préférer.
Ne tardez pas à tout envisager pour vous
Le temps passe et ne s'arrête jamais.

3e Heure
Il sera bien facile de changer de travail
Si vous le décidez vraiment.
Il vous faut alors vaille que vaille
Faire ce qui est nécessaire maintenant.

4e Heure
Gagner plus n'est pas utile aujourd'hui.
Vivre mieux est beaucoup plus louable.
C'est ainsi que les dieux l'ont voulu,
Agréable et heureuse peut devenir votre vie.

5e Heure
Votre situation est bien confortable
Et votre rentrée d'argent est plus que rentable.
C'est prendre bien d'inutiles risques
Que de partir ailleurs actuellement.

6e Heure
Le soleil est chaque jour le même,
Et pourtant différent.
Il vous faut apprendre à être patient
Pour changer progressivement ce que vous aimez.

7e Heure
Avant la fin de ce cycle lunaire,
Un signe vous sera apporté.
Soyez attentif à ce que vous dicte l'amitié.
C'est ainsi que vous pourrez devenir prospère.

8e Heure
Heureux celui qui place son plaisir
Au centre de sa vie.
Observez ce qui de bonheur vous comble.
Vous ferez alors le bon choix.

Oracle du Nord

1er Heure
Cette voiture toute nouvelle
Vous attire comme un aimant
Et vous ne pourrez pas vous empêcher
De l'acheter avant longtemps.

2e Heure
Ce véhicule est bien reluisant
Il est neuf, ce n'est pas étonnant,
Plus confortable et puissant
Vous succomberez probablement.

3e Heure
Vous savez bien que vos moyens actuels
Ne vous permettent pas cette option.
Contentez-vous de ce que vous avez
En attendant de meilleures rentrées.

4e Heure
Pourquoi l'acheter lorsque vous pouvez la troquer.
Abandonnez les vieilleries que vous gardez inutilement.
Ainsi vous pourrez accéder rapidement
A l'objet de vos rêves que vous convoitez.

5e Heure
Vous devriez y réfléchir à deux fois
Avant de vous engager dans cette voie ;
Ce véhicule n'est pas pour vous
Il vous en couterait beaucoup !

6e Heure
Il est temps de considérer cet achat.
Après tant d'années passées,
Votre véhicule n'est plus en état
Il faut bien maintenant le remplacer.

7e Heure
Vous avez travaillé si longtemps
Vous pouvez bien en profiter un peu
Vous faire plaisir pour un temps
Et décider d'avoir à vous cette voiture.

8e Heure
Vous aimez le silence et les promenades à pieds

Vous n'avez pas besoin de ce nouvel achat :
Cette voiture resterait au garage
Si tout de même vous l'achetiez.

Oracle de l'Est

1er Heure
Cette terre est importante pour vous.
Retournez-y lorsque le soleil est au zénith.
Ce nouveau jour vous révèlera clairement
Ce que vous savez déjà au fond de vous.

2e Heure
Avez-vous un animal avec vous ?
Si c'est le cas, visitez avec lui et observez.
Si vous n'avez pas d'animaux,
Allez sur ce lieu et observez les signes naturels.

3e Heure
Sans heurts, les saisons se succèdent les unes aux autres.
Pourquoi précipiter ce qui doit suivre son cours.
Attendez quelques jours.
Parlez avec vos amis et votre vision nul doute sera autre.

4e Heure
Le jour de Jupiter, lorsque la 9e heure du jour est dans sa domination,
Prenez contact de nouveau avec eux sans crainte.
Un signe du ciel et une rencontre,
Vous donneront la réponse à votre question.

5e Heure
Il faut parfois accepter la vérité.
Lorsque le moment n'est pas venu,
Que les signes sont contraires ou ténus,
Laissez cela pour une autre opportunité.

6e Heure
Avez-vous déjà vu un aigle fondre sur sa proie.
Il n'attend pas, totalement concentré sur son but.
Tel l'ami de Zeus, n'attendez pas à cette vue.
Car le moment est maintenant venu.

7e Heure
Pourquoi êtes-vous même intéressé ?
Une force inconnue vous pousse.
Soyez prudent car vous en ignorez la cause.

Laissez la face de Diane traverser le ciel deux fois.

8e Heure
Il est des sommets que l'on ne peut gravir seul.
Observez autour de vous vos amis.
Parmi eux se trouve une voix que vous saurez reconnaître.
N'avancez pas seul vers cet inconnu.

Oracle du Sud

1er Heure
Votre expérience récente est éclairante.
Ne vous avancez pas plus loin aujourd'hui sur cette route.
Une prochaine rencontre inattendue
Vous donnera une solution très satisfaisante.

2e Heure
Avant d'aller plus avant
Supprimez les emprunts existants.
Nul ne peut avoir plus qu'il ne peut,
Sans en ressentir de graves conséquences.

3e Heure
Le destin est parfois étrange et imprévisible.
Une initiative soudaine entraine une dette,
Alors que les signes étaient favorables.
Soyez attentif aux surprises prochaines.

4e Heure
Il faut parfois transformer le plomb en or.
Cherchez le plomb que vous possédez.
Avec celui-ci, allez là où l'argent vous mène.
Vous aurez plus que vous n'en avez besoin pour lors.

5e Heure
Un sage a dit : « Saisissez l'instant ! »
N'hésitez pas à agir maintenant.
Lors que le soleil se sera levé trois fois,
Il sera trop tard pour cette fois.

6e Heure
Il semble que l'on vous prête aisément.
Mais prudence s'il s'agit d'une banque installée.
Son intention n'est pas désintéressée,
Et il vous faut être très prudent !

7e Heure

Le nombre quatre est la limite pour vous.
N'avancez pas plus loin !
Il vous faut être très prudent même dans le besoin.
Lorsque quatre disparaîtront alors s'ouvrira le tout.

8e Heure

Voici l'heure de la tentation.
Lorsque le soleil entre dans la 2e maison du ciel,
Ne prenez pas de décision.
Car le monde sera pour vous comme du fiel.

Chapelle de Rombromare

Oracle de l'Ouest

1er Heure

L'amour aura sur vous plus d'influence que la richesse,
Et plusieurs mariages riches vous refuserez
Et un pauvre en biens vous épouserez,
Qui sera riche de vertus, d'honneur et de prouesses.

2e Heure

Votre cupidité sera votre fléau,
Pour vouloir un mariage qui soit plein de richesse.
Cela arrivera mais suivi de tristesse,
Et qui malgré, tous ces biens, sera votre tombeau.

3e Heure

Vous aurez un mariage médiocre en richesse,
Mais vous l'aimerez autant qu'il vous aimera.
Heureux ensemble longtemps vous vivrez,
Tous deux remplis d'honneur, de biens et de sagesse.

4e Heure

Celui qui sera votre compagnon,
Sera riche à foison et de bonne maison.
Mais bien qu'il paraisse sage et mesuré,
Il pourra parfois vous délaisser.

5e Heure

Vous voulez écouter le désir de votre âme,
Et choisir quelqu'un qui n'a que l'espoir,
L'espoir qui est de ne jamais rien avoir.
Vous l'épouserez donc et le destin vous surprendra sans doute.

6e Heure
Vous méritez une telle rencontre,
Richesse, beauté et intelligence, ensemble
Seront les qualités de cette union.
Que la prudence cependant demeure.

7e Heure
Méfiez-vous de la raison.
Il faut parfois un brin de folie,
Dans une vie trop bien polie,
Pour recevoir enfin la richesse à foison.

8e Heure
La précipitation est périlleuse,
Mais la lenteur est pernicieuse.
Ouvrez les yeux dans les prochains jours
Et votre vie sera différente pour toujours.

Oracle du Nord

1er Heure
Vous n'aurez pas toujours la fortune souhaitée
Les biens répartis en ce monde,
Ne sont pas tous les trésors qui en votre bourse abonde,
Mais vous ne vivrez pas dans la nécessité.

2e Heure
Il faut que votre esprit vous serve de richesse,
Puisque vous n'aurez des biens que par votre labeur.
Néanmoins vous serez heureux à chaque heure,
Et en ressentirez tout le bien en votre vieillesse.

3e Heure
Vous êtes né si heureux que la nécessité
Jamais en votre maison ne fera sa demeure,
Plutôt empêchera, avant que vous mouriez,
Cent hommes de mourir de faim et pauvreté.

4e Heure
L'œil de l'astre qui vous vit à votre naissance
Vous a rendu sujet à la nécessité,
Car vous aurez souvent de la pauvreté.
Prenez patience, car cela va changer.

5e Heure
La Déesse vous a entendu.

Et vous ne manquerez jamais de biens.
Vous serez connu de plusieurs façons,
Et de l'argent vous aurez en abondance.

6e Heure
Les biens que vous dépensez si prodigalement
Vous feront repentir de votre folle jeunesse.
Car vous en manquerez au jour de votre vieillesse,
Et mourrez, j'en ai peur, en votre lit pauvrement.

7e Heure
Ouvrez les yeux sur la réalité.
Vous êtes tel que demain les dieux
Regarderont ce que vous voulez.
Alors oui, vous obtiendrez ce que vous avez souhaité.

8e Heure
Que faisiez-vous lorsqu'il fallait agir ?
Rêvant vous avez laissé les jours passer.
Ne soyez alors pas surpris aujourd'hui de manquer.
Il est encore temps pour vous d'agir.

Oracle de l'Est

1er Heure
Examinez vos besoins naturels.
Depuis le jour de votre naissance,
Vous avez pu vivre et vous nourrir.
Il n'en faut vraiment pas plus pour être heureux.

2e Heure
Avez-vous à boire à manger ?
Alors vous avez ce qui est nécessaire.
Partagez le superflu avec l'étranger,
Et vous conserverez votre vitalité.

3e Heure
Comment osez-vous appeler cela des besoins ?
Il vous suffit de peu et vous demandez plus ?
Le moment est maintenant venu.
Il faut être honnête et considérer la vie avec soin.

4e Heure
Les pères de vos pères ont su vivre de peu.
Que leur exemple soit un rappel constant
De ce que la vie rappelle constamment.

Tout est fragile, mais on peut vivre de peu.

5e Heure
Vous avez eu le nécessaire et même plus.
Cela demeurera ainsi dans l'avenir
Si de l'excès vous pouvez vous abstenir.
Prenez garde à ne pas gaspiller ce que vous avez eu.

6e Heure
Jusqu'à aujourd'hui vous avez pu combler votre désir.
Les signes du destin sont favorables.
Vous aurez bientôt davantage,
Pour traverser la vie sans périr.

7e Heure
Les biens de ce monde ne s'emportent pas dans l'au-delà.
Il est temps de vous tourner vers l'âme.
Son vif désir de s'élever vers les hauteurs admirables,
Comblera vos besoins pour toujours.

8e Heure
Ne considérez pour véritable besoins,
Que ce que vous pouvez emmener dans votre sac de voyage.
Ainsi s'effaceront les angoisses et les peurs.
Vous ne manquerez de rien au cours de votre vie.

Oracle du Sud

1er Heure
Cette question est étrange.
On ne connaît pas quelqu'un en si peu de temps.
Observez-là et vous saurez alors vraiment
Ce qu'elle fait et ne montre pas.

2e Heure
Il est naturel de vous interroger.
Sachez que dans les finances
Nul de peu placer toute sa confiance.
Examinez les écrits et sur les faits vous jugerez.

3e Heure
Il n'est pas votre ami !
Ne doutez pas de sa sincérité,
Mais sachez que personnel est son intérêt.
A ce qui est écrit, restez attentif.

4e Heure
Ce n'est pas si grave, mais on vous a trompé.
Reprenez vos finances vous-mêmes.
Avant que la lune ne soit revenue, elle qui vous aime,
Sa lumière vous aura révélé la vérité.

5e Heure
Ce conseil était bon mais il n'est pas tout.
Attention à ce que cache le silence.
Avant de vous décider à faire confiance
Sachez ce qu'il fait et qui il est.

6e Heure
Le destin se manifeste d'étranges façons.
Le nombre de votre naissance sera celui du signe.
Attendez qu'il se manifeste sans équivoque.
Une parole venue d'un proche vous éclairera, sans nul doute.

7e Heure
La vie est un fleuve parfois rapide.
Le temps de vous interroger sur ce qu'il apporte,
Et l'opportunité a déjà disparue.
Ne vous préoccupez pas. C'est déjà trop tard.

8e Heure
Les grandes choses sont faites de plus petites.
Confiez un peu pour connaître mieux.
Agissez avec prudence dans ce milieu.
Il en va de votre avenir et de votre sécurité.

3E TEMPLE DU CIEL

Chapelle de Tosolk

Oracle de l'Ouest

1er Heure
Oui très certainement il le restera
Bien que parfois il sera en bonne compagnie.
Mais il est incapable de comprendre pourquoi
Il se retrouve seul et pourquoi l'amour s'est enfui.

2e Heure
Attentionné comme vous êtes, vous pouvez de lui
Vous rapprochez encore et discuter de tout et surtout de lui

Cette conversation déclenchera certainement chez lui
Un changement profond qui lui fera voir autrement sa vie.

3e Heure
Sur ce point, rassurez-vous immédiatement.
Il est très bien comme cela dans sa vie
Et il vit sa passion si intensément
Que rien ne lui manque autour de lui.

4e Heure
Laissez-le murir encore quelques années
Il est trop jeune pour vouloir se marier
Passé la trentaine et même la quarantaine
De nouvelles rencontres changeront sa vie.

5e Heure
Il n'a pas choisi d'être tout le temps seul
C'est hélas une situation qu'il subit
Il n'a pas vu les signes du cœur lorsqu'ils étaient devant lui
Mais vous pouvez l'aider : il faut lui en parler.

6e Heure
Le temps passe et ne s'arrête pas
Pendant encore plusieurs lunaisons
Il restera bien seul chez lui
Mais viendra bien un jour ou le cycle sera fini.

7e Heure
C'est un sujet bien délicat
Que de parler de tout cela
Amener la conversation prudemment
Soyez réservé et discret en même temps.

8e Heure
Il a déjà un âge bien avancé
Il a sa vie et semble l'apprécier
La solitude ne paraît pas lui peser
Mais une rencontre décisive demain peut arriver.

Oracle du Nord

1er Heure
Il est tellement timide et ne sait pas non plus s'y prendre
Il reste à rêver d'un grand amour qui doit l'attendre
Quelque part, dans quelque pays lointain.
Parlez avec lui et conseillez-le, il en a besoin.

2e Heure
Les astres lui ont pourtant indiqué
Le sentier qu'il doit suivre et comment y aller
Il n'a pas su voir les signes des Dieux
Il doit pourtant les reconnaître s'il veut un jour vivre à deux.

3e Heure
Sa peur de l'échec fait qu'il n'ose pas même inviter
Celle qui pourrait tant lui apporter.
Il devrait pratiquer un sport pour se mêler au monde
Et exercer également sa façon de vivre avec philosophie.

4e Heure
Il a besoin de temps pour murir
Et savoir distinguer l'amour et le désir
Il n'est pas trop tard pour lui de le faire
Et de profiter de sa vie au lieu de faire le contraire.

5e Heure
Il est resté profondément blessé par son premier amour
Il ne sait toujours pas qu'il est encore possible de rencontrer
Un nouvel amour, différent mais aussi passionné
Avec vos conseils, il ne devrait pas douter de trouver l'amour.

6e Heure
La solitude peut être bonne mais elle est souvent lourde à porter
Après tout ce temps il doit maintenant s'en alléger
S'ouvrir au monde et se laisser approcher
Alors il pourra enfin aimer et être aimé.

7e Heure
Il est peut-être un peu trop sensible et négatif
Sur les liens qui unissent un couple dans la vie
Il devrait élargir quelque peu son horizon et chasser la monotonie
Du quotidien trop familier ; aller voir d'autres pays.

8e Heure
Cette routine quotidienne qui nous est si familière
Empêche souvent toute considération de départ
A l'aventure ; notre confort nous est si cher !
Il faut pourtant savoir le quitter pour mieux le savourer plus tard.

Oracle de l'Est

1er Heure
Avoir trop de raison n'est pas si sage

Et la vie est bien insipide et sans saveur
Si on n'y ajoute quelques grains de folie.
Qu'il suive un peu plus les passions de son cœur !

2e Heure
La saison des amours et la saison des cendres
S'équilibrent mutuellement si l'on sait s'y prendre
Qu'il s'amuse autant qu'il le veut
Et qu'il garde sa raison autant qu'il peut.

3e Heure
Les maîtres anciens sont de bons conseils
Il est utile de les consulter sur tous les aspects de la vie
Et de trouver auprès d'eux la vraie philosophie
Qui révèle de la vie les leçons et merveilles.

4e Heure
Il serait vraiment bon pour lui qu'enfin
Il consente à sortir de son rituel quotidien
Et d'aller musarder plus souvent en d'autres lieux
Rencontrer d'autres visages, se perdre dans d'autres yeux.

5e Heure
Le cœur et la générosité ne lui manquent pas
Seule la timidité retient trop près ses pas
Il lui faut donc finalement oser être bon
Et le manifester par des cadeaux et des dons.

6e Heure
Il serait tout à fait capable d'apprendre un autre métier
Ou simplement de reprendre des études différentes
Pour se sortir de cet environnement
Qui ne le satisfait plus vraiment.

7e Heure
Les Dieux peuvent être sourds à un appel, une prière
Surtout si ceci n'est pas fait régulièrement
Il devrait leur faire des offrandes et leur rendre hommage
Les consulter plus souvent ; ceci serait bien sage.

8e Heure
Le temps passe il est déjà trop tard
Vieillir n'est pas tout, il faut savoir grandir
Il est temps pour lui de penser à l'avenir
Il est temps sur le monde d'avoir un autre regard.

Oracle du Sud

1er Heure
Il faut qu'il soit lucide et fort
S'il veut changer vraiment sa vie
Régler d'anciens problèmes qui persistent encore
Malgré le temps passé ; qu'à d'autres personnes il se confie.

2e Heure
C'est en prenant conscience du bilan fait
Que l'on peut avancer dans ses problèmes et les régler
Trouver une méthode pour les évacuer
Et pour qu'ils ne reviennent faire tout pour l'éviter.

3e Heure
Prendre une pause devrait être chose possible pour lui
Qu'il ait un peu le temps de lui-même se retrouver
Et d'envisager de nouvelles perspectives dans sa vie
Son travail et son cœur en bénéficieraient.

4e Heure
Il devrait certainement considérer le fait
De faire enfin appel à un spécialiste
Solder seul tous ses problèmes n'est pas réaliste
Et cela prend bien du temps qu'on ne peut rattraper.

5e Heure
La vie qu'il mène est parfois différente de celle qu'il souhaiterait
Il n'est pas toujours à même d'en voir tous les niveaux ;
Il est certain qu'il devrait mettre sa vie spirituelle
En priorité dans les premiers barreaux de l'échelle.

6e Heure
Le cœur a ses raisons mais le corps en a aussi
Parfois faute d'attention le mal s'aggrave sans bruit
Il faut le découvrir afin de le traiter
Et pouvoir enfin, de sa vie, profiter.

7e Heure
Trouver l'équilibre dans son corps et sa tête
Cela semble évident et même parfois facile
Mais il faut en faire une philosophie
L'appliquer et la savourer chaque jour.

8e Heure
Le temps n'est pas encore venu, et les problèmes persistent toujours

Mais il prendra ce dont il a besoin de temps
Pour régler ses problèmes, petits et grands
Car ceux-ci sont maintenant proches de leur fin.

Chapelle de Ouare

Oracle de l'Ouest

1er Heure
Pourquoi hésiter encore ?
Au fond de vous retentit une voix claire
Que vous ne souhaitez pas passagère.
Ne réfléchissez pas plus longtemps et sortez.

2e Heure
Comme en toute chose,
L'équilibre est important.
Sortir de temps en temps,
Est différent de vivre toujours dehors.

3e Heure
Quittez la douce quiétude de votre foyer.
Ouvrez la porte et marchez.
Seul le premier pas est difficile, mais il est riche.
Car découvrir le monde commence par la proximité.

4e Heure
Le motif est important et vous devez l'accepter.
A bien le considérer et après avoir prié
Vous verrez la lumière maintenant rayonner.
Le moment est venu. Levez-vous et marchez.

5e Heure
Il faut oser de petites choses
Pour arriver finalement à de plus grandes.
Faites un effort à deux.
Vous aurez alors une surprise en quelques jours si vous osez.

6e Heure
Vous avez peu de temps !
Agissez maintenant.
Vous avez tant hésiter
Alors que vous êtes attendu.

7e Heure
Attendez encore un peu pour agir.

Lorsque la lune montrera son visage tout entier,
Il faudra vous préparer à voyager.
Car pour quelques jours il vous faut partir.

8e Heure
Vous êtes trop refermé sur vous-même.
Cherchez des occasions de rencontrer des personnes nouvelles.
Il faut faire un effort personnel
Pour apprendre, avoir du plaisir et découvrir son soi.

Oracle du Nord

1er Heure
Qui veut vivre content au printemps de son âge,
Et l'être encore plus en ayant le poil grison,
Les pays étrangers il faut voir en saison.
Il est bon qu'en ce temps vous fassiez ces voyages.

2e Heure
Ce n'est plus la saison pour vous de voyager.
Laissez les autres sur leur étrange terre.
En les voyant faire la guerre,
Vous savez qu'il vaut mieux se raisonner.

3e Heure
Nous ne savons rien si nous n'avons pas vu du pays.
Si vous le pouvez, allez sur la terre et la mer.
Il est bon que vous découvriez le monde.
Ce que vous retirerez vous laissera étonné.

4e Heure
Ceux qui bougent sans cesse n'aboutissent à rien.
Il est bon que pour l'instant vous restiez là.
Laissez les autres pavaner et parler de tout cela.
Votre heure viendra de sentir que le monde est votre.

5e Heure
Votre fortune viendra d'un pays étranger.
Pour la trouver vous devez donc voyager.
Même si en ces jours vous êtes éprouvé,
Vous trouverez ce que vous cherchez, sans beaucoup de danger.

6e Heure
Vous devez vous contenter de ce que vous as vu auparavant.
Il n'est pas bon pour vous de faire maintenant un long voyage.
Il est sans doute mieux à votre âge

De voir autour de vous ce qui peut vous aider à aller de l'avant.

7e Heure
Demain est un nouveau jour dans votre vie.
Ouvrez les yeux sur les opportunités.
Certaines n'attendent pas longtemps en vérité,
Que vous les saisissiez pour découvrir le monde.

8e Heure
Prenez encore quelques jours avant de décider.
Il est bon pour vous de voir des choses nouvelles
Mais demander conseil est une bonne chose
Lorsque on souhaite voyager en toute sécurité.

Oracle de l'Est

1er Heure
L'absence ne peut faire changer le véritable amour.
Vos yeux qui ont sur son cœur imposé leur puissance,
L'ont toujours fait ranger à cette obéissance
De n'avoir qu'eux pour amoureux séjour.

2e Heure
Pensez-vous que son caractère abruptement
Puisse changer en un autre pays ?
Tous ceux qui l'ont connu auraient été surpris,
Que, changeant de pays, il en eut été autrement.

3e Heure
Non, non, ne doutez point de votre ami fidèle.
L'absence n'a pas changé sa fervente amitié.
Il est de votre cœur la plus chère moitié,
Et ne lui sera jamais infidèle.

4e Heure
Quelques jours ne sont rien dans une vie.
Pourquoi penser qu'il devienne amoureux
D'une jeune beauté rencontrée parmi eux ?
Il en faudrait plus pour briser votre amour.

5e Heure
La fidélité est une qualité de son être.
Ne doutez pas du serment qu'il a prononcé.
Son absence actuelle n'a rien changé
De ce qu'il pense et veut vivre
Comme il arrive souvent.

6e Heure
Où sont tous ses serments et promesses
Que l'absence jamais ne le ferait changer,
Ni qu'il ne pourrait plus autre part se ranger,
Pour le faire aussitôt et sans nulles contrainte ?

7e Heure
Pourquoi aujourd'hui vous interroger
Alors que votre âme sent que profondément
Vous l'aimez et il vous aime.
Chassez de votre esprit ces étranges idées.

8e Heure
Comment ne pas douter dans la vie.
On ne peut pas atteindre la perfection,
Mais parler honnêtement de ce que l'on ressent
Est une chose qu'il vous faut considérer.

Oracle du Sud

1er Heure
L'absence n'aura point sur lui cette puissance
De faire changer ses sentiments.
Il est plus amoureux qu'il n'était.
Voilà le changement qu'a fait sur lui l'absence.

2e Heure
Si l'on dit que l'absence est un test de soi
Qui peut, comme un fleuve d'oubli, fait perdre l'amour,
Comment voulez-vous que son absence et son séjour
N'aient rien changé sur qu'il pense de vous ?

3e Heure
Son cœur est un rocher de confiance et de foi.
Rien ne pourra changer, ni le plaisir ni l'absence.
Il sent de votre amour toujours la présence.
Vous pouvez être heureuse de ce choix.

4e Heure
C'est une girouette tournant au moindre vent.
L'absence peut éprouver votre amitié.
Parfois il raisonne, mais pourrait fléchir sans y penser.
Appelez-le pour que finalement il ne soit pas misérable.

5e Heure
Non, il est trop constant en sa ferme amitié.

Il vous garde dans son cœur et n'a pas ce vice,
Que l'absence peut parfois entraîner.
Il vous aime toujours et vous le montrera sans hésiter.

6e Heure
Bien que parti depuis peu de temps,
Déjà il se questionne et ne comprend pas ce qu'il ressent.
Profitez de ce temps pour vous interroger plus avant,
Car vous devez parler de tout cela vraiment.

7e Heure
Que voulez-vous qu'on vous réponde ?
Au plus profond de votre âme vous savez déjà.
Écoutez-vous votre raison qui est toujours là ?
Il ne semble pas ! Alors agissez maintenant sans plus attendre.

8e Heure
Oui en vérité votre amour grandit.
Il n'est pas un jour sans que vos pensées se joignent.
Bientôt sera le temps de vous retrouver.
Cette rencontre sera alors pleine de surprises.

Chapelle de Fouori

Oracle de l'Ouest

1er Heure
Vous dites que vos parents n'ont point vu davantage
Que leur pays natal. Je vous conseille aussi
De suivre leur exemple pour qu'ainsi
Vous deveniez l'élu de quelque village.

2e Heure
Sans doute devez-vous penser plus attentivement,
Aux lieux bien-aimés où enfant vous êtes né.
Car aussi bien les Dieux ont béni votre destiné
Pour que vous y trouviez aussi un grand bénéfice.

3e Heure
Les pays étrangers sont pleins de surprises,
Et nombreux sont ceux qui désirent les voir.
Voyagez comme il est en votre pouvoir,
Car ceux qui le font en deviennent bien différents.

4e Heure
Jamais vous ne serez prophète en votre pays.

N'hésitez pas à voyager pour faire fortune.
Vous serez agréable aux dieux et déesses,
Si bien que vos amis en seront bien surpris.

5e Heure
Soyez prudent si vous prenez la mer.
Vous aurez plus d'avantage sur terre ou dans l'air.
Allez à l'endroit que vous désirez,
Car c'est là que votre destin s'accomplira.

6e Heure
N'attendez pas plus de temps.
Il vous faut maintenant agir avec fermeté,
Car vos bienfaits viendront de votre intrépidité.
N'oubliez pas que vous être Maitre de votre destin.

7e Heure
Il n'y a pas de raison d'attendre,
Puisque votre décision est déjà prise.
Ne soyez pas surpris des obstacles que vous rencontrerez.
Il faut souvent persister vers l'objectif à atteindre.

8e Heure
Prenez le temps de réfléchir aux choses favorables.
Il vous faut changer votre environnement,
Mais pourquoi vouloir modifier tout complètement ?
Il est sans doute bon d'être raisonnable.

Oracle du Nord

1er Heure
Ne vous énervez pas d'attendre si longtemps,
Et ne vous fâchez pas de voir passer les jours.
Ce que vous attendez viendra sans y penser,
Et quand vous l'attendrez le moins, à vous il se présentera.

2e Heure
N'attendez plus, prenez une résolution
De laisser l'espoir de la chose attendue.
Car ce que vous attendez est une déjà perdu.
Elle ne viendra point, oubliez cette affection.

3e Heure
Sans hésiter il vous le faut faire revenir.
C'est maintenant qu'il vous faut le recevoir.
Personne dans le monde ne peut savoir,

Ce que vous allez bientôt devenir.

4e Heure
Le Ciel, l'Air et la Terre ont juré
Que ne viendra jamais ce que vous attendez.
Mais ne faiblissez pas maintenant.
C'est de votre décision que viendra la réussite.

5e Heure
Le ciel et les dieux vous seront favorables.
Vous obtiendrez ce que vous désirez
Si vous agissez dès maintenant.
L'attente vous briserait cet extraordinaire élan.

6e Heure
Il ne sert à rien d'espérer ce qui ne saurait venir.
Cessez de vous perdre dans vos pensées.
Il est maintenant temps de considérer,
Ce que dans votre vie vous voulez réaliser et accomplir.

7e Heure
Allez de l'avant sans regarder le passé.
N'hésitez pas car vous n'avez rien à perdre,
Dans une vie qui avance sans cesse,
Saisissez ce qui se présente sans vous retourner.

8e Heure
Votre hésitation est parfois utile.
Mais n'est-elle pas autre chose ?
Parfois trop immobile, il faut que vous osiez
Sauter le pas et abandonner ce qui est inutile.

Oracle de l'Est

1er Heure
Le séjour en milieux mondains ne vous est pas heureux.
Vous n'aimez pas vraiment la flatterie
Et n'êtes pas prêt à tout faire pour réussir.
Laissez donc cela aux esprits creux.

2e Heure
Vous avez l'esprit capable de s'adapter à ces milieux.
Vous tirerez profit du séjour auquel vous pensez,
D'une façon que vous n'imaginez pas encore.
C'est une surprise qui vous attend, un message des dieux.

3e Heure
Bien qu'au début le séjour vous sera favorable,
Et qu'il vous semblera vous promettre du bonheur,
N'y restez pas trop ou vous aurez du malheur.
Y revenir ensuite est toutefois bien probable.

4e Heure
Le séjour prévu est bien planifié.
Il vous donnera l'occasion d'en parler,
Et de montrer à tous ce que vous avez réalisé.
N'allez pas trop loin au cours de cette année.

5e Heure
Votre expérience sera utile à ces jeunes gens
Et vous serez alors totalement heureuse.
Mais gardez-vous un peu de tomber amoureuse
Et ne vous offusquez pas de quelques médisants.

6e Heure
Vous allez découvrir un lieu bien différent
De ce que vous avez connu jusque-là.
Laissez de côté toutes craintes que vous pouvez.
Une rencontre imprévue vous remplira de joie.

7e Heure
Il est temps de revoir ce que vous avez prévu.
Tout ira bien si vous planifiez vraiment
Ce séjour qui s'avance si rapidement.
Prenez une assurance pour parer à l'imprévu.

8e Heure
Regardez autour de vous au cours du voyage.
Si vous avez l'étrange désir d'entrer dans un édifice historique,
Suivez sans hésiter cette vive impulsion.
De là naîtra une étrange rencontre.

Oracle du Sud

1er Heure
Ne voyagez pas seul cette fois-ci.
Que ce soit en groupe ou en couple
Vous tirerez profit de votre séjour d'une façon nouvelle.
Pensez à faire cette visite d'église. Vous en serez surpris.

2e Heure
Voyager aussi loin sans bonne compagnie

N'est un bon choix que si vous travaillez.
Vous rêvez de plaisir et de dépaysement
Emmenez avec vous quelque amant.

3e Heure

Ce voyage depuis si longtemps attendu
Peut-être le bon moment enfin venu
Pour partager vos sentiments
Avec l'être chéri et qui vous attend.

4e Heure

La fleur qui tombe ne prévoit pas sa chute.
Laissez les déesses décider pour vous.
Ce n'est pas tous les jours que l'on agit pour vous.
Suivez avec confiance ce qui se met en place.

5e Heure

Ne voyagez pas si loin cette fois
Les astres n'y encouragent pas
Ce serait prendre bien des risques
Pour quelques souvenirs exotiques.

6e Heure

Voyagez seule si vous le souhaitez
Vous avec l'expérience et êtes organisée
N'attendez donc personne
Pour vous accompagner.

7e Heure

L'aventure se profile devant vous
Faites-lui part de votre accord
Avec ce voyage, après ce rendez-vous
Les cœurs s'expriment et sont en accord.

8e Heure

Ce voyage est proche et sans danger
N'hésitez pas à vous y engager
Vous n'avez vraiment nul besoin
De vous faire accompagner et tenir par la main.

4E TEMPLE DU CIEL

Chapelle de Sotis

Oracle de l'Ouest

1er Heure
Votre caractère leur plait fort et ils sont contents
Que vous ayez de si bonne relation avec eux.
N'ayez de leur amour aucune méfiance.
Vous serez toujours le bienvenu chez eux.

2e Heure
Ils feront un jour quelques réprimandes,
Et n'apprécierons pas toujours ce que vous faites.
Blâmant votre désir et votre choix amoureux,
Ils prendront de haut celui dont vous êtes éprise.

3e Heure
Toujours ils chériront l'heure de votre naissance
Et béniront ce jour dans une grande joie.
Ne doutez pas de leur amour et de leur affection,
Car pour vous ils seront toujours là.

4e Heure
Personne ne peut changer ce que sont les parents.
Ne vous arrêtez pas à ceux que vous voyez de leur vie.
Ce qu'ils pensent est bien différent.
Il vous faut parler avec eux pour comprendre ce qu'ils sont vraiment.

5e Heure
De vos parents vous êtes l'œil et l'âme.
Ils ne vivent qu'en vous. Vous êtes leur plaisir,
Et de vous voir content ils n'ont d'autre désir.
Il en sera ainsi tout au long de la vie.

6e Heure
Il n'est pas toujours bon de tout savoir.
Respectez ce silence qu'ils semblent cultiver.
Même si parfois leurs regards sont incompréhensibles,
Il vous faut aller au-delà des apparences.

7e Heure
Pourquoi vous interroger sur cela ?
Vos parents ont fait de leur mieux ici et là.
Ce qui est important c'est cela.

Vous aussi un jour en tant que parent vous comprendrez.

8e Heure
Parlez enfin à votre père de ce qu'il aime.
C'est ainsi que vous découvrirez ce qui le mène.
Pour ce qui est de votre mère et de ce qu'elle pense,
C'est par ce qu'elle fait que vous aurez votre réponse.

Oracle du Nord

1er Heure
Le jour où vous serez enfin adulte,
Il sera temps de leur parler avec franchise.
Considérez leurs efforts sincères longtemps déployés,
Et avec reconnaissance, vous vous éloignerez.

2e Heure
Si vous le pouvez, partez quelques temps.
De ce moment naîtra une plus grande confiance.
Mais revenez au foyer sans accoutumance.
Soyez chez eux, mais toujours partiellement.

3e Heure
Il est temps de participer davantage.
Réfléchissez à la façon de les aider.
La famille est sacrée et les devoirs sont réciproques.
Vous parents parlent peu, mais vous seront reconnaissants.

4e Heure
Etrange question alors que vous avez déjà répondu.
Regardez au fond de vous sans en parler à personne.
C'est dans une caverne sombre que les moindres bruits résonnent.
Vous devez maintenant agir et saisir votre dû.

5e Heure
Vous vivez sans souci depuis si longtemps.
Vous ne pouvez les quitter aussi rapidement.
Consultez encore les oracles dans 12 jours.
Ce sera le moment d'agir à votre tour.

6e Heure
Le silence n'apporte rien de bon.
La parole n'est pas toujours entendue.
Apprenez à écouter avec patience.
C'est de l'intérêt que naît le dialogue et la réponse.

7e Heure
Cela fait longtemps que cette question se pose.
Les puissances divines sont favorables,
Mais réclament plus de temps.
Laissez un cycle solaire s'écouler et une voix résonnera.

8e Heure
Vous n'avez pas eu de signes très clairs.
Prenez le temps de regarder et écouter.
Avant que la lune n'ait terminé son cycle,
Vous recevrez la réponse dans vos rêves.

Oracle de l'Est

1er Heure
Vous êtes né sous un signe favorable.
Peu importe les liens forts qui vous unissent.
Le jour est venu de libérer votre esprit
Et de regarder la vie avec des yeux nouveaux.

2e Heure
Vos parents ont vécu des choses uniques.
Il en est de même pour vous.
Mais apprenez de leurs expériences.
C'est votre devoir et votre chance.

3e Heure
Tous les parents ne sont pas des sages.
Mais votre lignée remonte bien au-delà de votre père et mère.
Retrouvez vos racines et ceux qui vous ont précédés.
La sagesse familiale est plus vaste que vous ne le pensiez.

4e Heure
Avez-vous déjà vu de petits animaux vivre ?
N'apprennent-ils pas par l'exemple plutôt que par la voix ?
Faites de même et de leur exemple inspirez-vous.
Mais ce qui n'est pas bon, vous ne devez pas le suivre.

5e Heure
VITRIOL.
Visitez l'intérieur de la terre,
Et vous trouverez la pierre cachée.
La sagesse n'est pas toujours apparente.

6e Heure
On ne découvre un nouveau monde,

Que si l'on oublie l'ancien.
Tournez votre regard vers la nouveauté.
Vous vous souviendrez alors de ce qui est essentiel.

7e Heure
Comme le dit le sage :
« Laissez les morts enterrer les morts ! »
Il est temps de marcher vers l'avenir.
Le passé est déjà en vous.

8e Heure
Il y a plusieurs parents dans une vie.
Ceux qui nous ont donné la vie
Et ceux qui nous ont donné l'esprit.
Rappelez-vous de vos parents spirituels.

Oracle du Sud

1er Heure
Plusieurs fois déjà vous vous êtes interrogé.
Seul vous ne pourrez rien car vous êtes trop engagé.
Cherchez de l'aide pour ceux que vous aimez.
Prenez le temps d'agir avant qu'il ne soit trop tard.

2e Heure
Avez-vous vu ces jeunes insouciants,
Gâcher leur vie comme des mendiants ?
La jeunesse n'est pas liée à l'âge, mais à la curiosité.
Rappelez-leur que le secret de la vie est caché mais toujours là.

3e Heure
On vieillit comme on a vécu. C'est la vérité.
Rien ne sert de voiler sa face et de faire l'étonné.
Poussés par les Dieux sur l'océan de la vie,
Ils ont mené leur barque. Laissez faire les Dieux.

4e Heure
Près ou loin ne changera rien aux besoins.
En silence, vous hésitez sur l'attitude à tenir.
Soyez attentif à eux et à leurs nécessités.
C'est en écoutant que l'on apprend le plus.

5e Heure
On s'imagine que tout va bien,
Lorsque l'on n'entend rien.
Mais qu'en est-il de vous et d'eux ?

Soyez plus présents, d'une façon ou d'une autre.

6e Heure
Tel Œdipe dans sa fuite au hasard,
Vous ne changerez rien au destin.
Chacun suit ce qu'il croit être le bon chemin.
La fin sera sur la route, tôt ou tard.

7e Heure
Vous croyez savoir et vous ne savez rien.
Ce n'est pas cela qui leur manque.
Sans le dire ils ont trop dépensé
Et pas assez économisé.

8e Heure
Quoi qu'ils fassent, ils sentent le poids des ans.
Le navire de leur corps a besoin d'amarres.
Il est temps de rejoindre le port
Pour confier ce corps à des spécialistes.

Chapelle de Sit

Oracle de l'Ouest

1er Heure
Heureux aujourd'hui vous avez peur de demain.
Votre plaisir et vos angoisses ne changent rien.
Vous vieillissez et n'y pouvez presque rien.
Mais les jeux de l'esprit pourvoiront à votre lendemain.

2e Heure
Esprit vous avez un corps et des besoins.
Les uns sont bons et salutaires.
Cessez d'être lâche et débonnaire.
Bien vieillir c'est considérer que vous n'avez qu'un corps.

3e Heure
La force du destin est limité
A la puissance de votre volonté.
Il dépend de vous pour jouir de la vie
Et profiter d'une vieillesse heureuse.

4e Heure
La nature agit souvent masquée.
Les jours radieux se succèdent.
Rien ne laisse présager l'arrivée de l'hiver.

Cherchez les maladies invisibles, ce sont elles les dangers.

5e Heure
Sans soucis vous avez vécu et aimé.
Que vous importaient médecins et infirmeries.
Ce bien acquis peut ne pas durer toujours.
Prenez garde et contrôlez-vous davantage.

6e Heure
La dureté de la vie est parfois trop lourde.
Tel un animal prisonnier de dangereux marais,
Nous ne parvenons pas à nous mouvoir.
Ne vous y trompez pas. Vous avez des ressources cachées.

7e Heure
Sans vous plaindre et en silence vous avez vécu.
Parfois seul et angoissé, le temps paraît s'allonger.
Vous avez besoin des autres et il faut l'accepter.
C'est ainsi que vous conserverez la vie.

8e Heure
A trop courir en tous sens et sans repos,
Le corps s'épuise et la flamme vacille.
Surveillez-vous alors que vous vieillissez.
Même les roches les plus dures s'usent sous la pluie.

Oracle du Nord

1er Heure
Un ibis mystérieux venu d'orient,
Jadis aux hommes leur fit un présent.
Ne le négligez pas autant ou vous vous en maudirez.
C'est par la lecture que vous vous entretiendrez.

2e Heure
L'esprit est une étrange créature !
A la fois partout et nulle part,
Toujours invisible et pourtant toujours là.
Nourrissez-vous sainement, sinon il vous quittera.

3e Heure
Le souffle de Dieu donna la vie au monde.
Par votre premier souffle, vous êtes venu à la vie.
Par votre dernier vous la quitterez.
C'est par lui que vous êtes et restez vivant !

4e Heure
Avez-vous perçu la beauté d'une œuvre l'art ?
A la fois esprit et corps elle vous élève vers le divin.
Votre âme et votre corps chantent enfin à l'unisson.
Apprenez un art, pour chevaucher l'esprit.

5e Heure
Vos jours sont trop immobiles.
Vous avez un corps vivant et vous l'oubliez.
Il est grand temps de lui redonner sa place.
Parcourez la nature, c'est une chance.

6e Heure
Notre mémoire humaine n'a pas disparu.
Rassemblée dans des musées, elle témoigne des grandeurs passées.
Retrouvez-là et cultivez-là.
C'est par elle que vous avez pu devenir ce que vous êtes.

7e Heure
L'immense Babel fut le commencement.
Les peuples se séparèrent et oublièrent.
Jadis unique, nous sommes maintenant multiples.
Le temps est venu d'apprendre une nouvelle langue.

8e Heure
Levez la tête et voyez le lointain, l'horizon.
Au-delà existe des merveilles et des surprises.
N'attendez pas pour découvrir l'étranger.
De l'inconnu viendra la lumière qui vous nourrit.

Oracle de l'Est

1er Heure
Vous avez été entouré et pourtant seul.
Vous avez cru vous perdre et vous vous êtes retrouvé.
Vous ne serez jamais seul en vérité.
Mais l'avenir vous le démontrera d'une étrange façon.

2e Heure
Dans votre vie tout ne vous a pas été donné.
Il a fallu vous lever et avancer.
Mais vos efforts seront aujourd'hui récompensés.
Vous ne serez pas seul si vous choisissez un groupe.

3e Heure
Vous pourriez rester seul mais les astres seront favorables.

Profitez de ce pouvoir invisible.
C'est avec lui que vous pourrez infléchir le destin.
Mais n'attendez pas, ou les astres se détourneront.

4e Heure
Qu'importe le poids du passé.
Abandonnez l'angoisse de l'avenir.
Tout échappe à celui qui ne sait vivre dans l'instant.
C'est en lui qu'est la porte du bonheur.

5e Heure
Vous êtes né seul et vous mourrez seul.
Combien de fois, entouré d'amis,
Avez-vous senti le vide d'une vie futile.
Apprenez la solitude et vous ne serez jamais seul.

6e Heure
Vous ne mourrez pas seul, c'est une certitude.
Laissez la crainte s'éteindre et disparaître.
Il est facile d'être oublié ou aimé.
C'est un choix et vous l'avez déjà fait.

7e Heure
Ne cherchez pas à forcer le destin.
Les Dieux sont là et sauront vous guider.
Faites-leur la place et donnez-leur le temps.
Vous serez surpris avant même de vieillir.

8e Heure
Vous n'êtes pas fait pour être seul.
Choisissez un groupe d'être aimés.
C'est ainsi que vous pourrez avancer en âge
Et vous éteindre un jour entre des bras aimés.

Oracle du Sud

1er Heure
Depuis le premier jour vous avez embrassé la vie.
Votre mémoire est encore vive.
Voici venu les jours de partager votre expérience
Révélant la sagesse de ce que vous avez appris.

2e Heure
Vous avez connu désir et passion.
D'autres comme vous ont fait un identique chemin.
Trouvez ces sœurs et ces frères.

Ils deviendront vos pairs sur le chemin de la vie.

3e Heure
Nous sommes des animaux bien étranges.
Capable du meilleur comme du pire,
De s'aimer, s'aider ou jusqu'à la mort se haïr.
Fuyez les conflits et chamailleries, ce n'est plus de votre âge.

4e Heure
Il y a d'autres horizons à découvrir.
Ouvrez vos yeux, parcourez le monde.
Chaque matin, le premier est devant vous.
Quittez votre confort quotidien, vous le pouvez encore.

5e Heure
L'alchimie n'est pas si mystérieuse.
Depuis que vous avez vu le jour et encore aujourd'hui
Votre vie dépend de ce plaisir quotidien.
C'est une alchimie et également un art.
Explorez la cuisine du monde et de vos racines.

6e Heure
On ne cesse jamais d'apprendre, sauf si on le décide.
Vous avez eu de nombreux intérêts.
Il vous faut maintenant choisir et aller plus avant.
Vous pourrez ainsi entretenir la flamme.

7e Heure
Il existe deux mondes et ils sont liés :
Le monde des Dieux et celui des hommes.
Vous pourrez aujourd'hui aller de l'un à l'autre,
Si vous croyez et priez le sacré, commun à l'humanité.

8e Heure
Votre plus grande richesse est en vous.
Ce corps qui vous porte et vous fait exister,
Mérite qu'on l'anime et le fasse persister.
Ainsi vous aurez vie, force et santé.

Chapelle de Knoumis

Oracle de l'Ouest

1er Heure
Garnissez un peu mieux d'or et d'argent la bourse,
Et puis il vous sera possible de bâtir,

Ou bien on vous verra venir au repentir :
C'est pour votre dessein une maigre ressource.

Wait until to have more money in your bank account
And you will be able to buy a house.
Do not go too fast or you will regret it.
You will enjoy this short wait.

2e Heure

Mettez-vous au jour de vos faits, élevez un mausolée,
Bâtissez une tour qui porte votre nom,
Et faites que par-là vous gagniez votre renom :
Heureux est celui dont la renommée vole.

This is the time for you to go forward.
Choose the house you want and put your name on it.
This is a good way for you to live differently.
Enjoy these exciting moments of choice.

3e Heure

Ne faites point bâtir encore cette année,
Et cependant occupez votre esprit en desseins ;
Regardez ce que vous avez comme argent entre vos mains ;
Votre maison n'est pas encore ruinée.

Do not do that this year.
However, this is a good time to plan all that.
Evaluavous the money you have on hands.
You have to go further with prudence.

4e Heure

C'est un doux goût, dit-on, que de bâtir ;
Mais, si vous voulez goûter cette douceur amère,
Vous le regretterez si vous êtes un jour père ;
Laissez donc ce dessein de peur de vous en repentir.

5e Heure

Vous pouvez contenter votre esprit de cela,
Vous avez la main forte et la bourse garnie ;
Vous connaissez l'architecture et comme on la manie :
Immortalisez-vous par ce beau moyen-là.

6e Heure

Les vôtres ne sont plus bons en architecture,
Ils y ont tout dépensé pour leur contentement ;

Mais, si vous me croyez, vous ferez autrement :
En la diversité se réjouit la nature.

7e Heure
Consultez les astres.
Lorsqu'il s'agit de bâtir, le ciel et la terre doivent s'unir.
Prétentieux est celui qui seul décide,
Sans tenir compte du cosmos et de sa puissance.

8e Heure
Pourquoi et pour qui voulez-vous bâtir ?
Répondez d'abord à ces questions.
Alors vous découvririez des aspects que vous avez oubliés.
N'avancez pas trop vite.

Oracle du Nord

1er Heure
Utilisez ce que vous possédez déjà.
Vendez une partie de celui-ci.
Achetez alors le double et rénovez.
Le moment est venu pour ce mouvement salutaire.

2e Heure
Plusieurs sages ont dit : « Donnez et vous recevrez. »
Vous ne pourrez croître qu'en suivant ce conseil.
Transmettez à vos enfants dès maintenant.
De nouvelles opportunités apparaîtront alors.

3e Heure
Votre vie vous a apporté plus que ce que vous pensez.
Votre expérience est vaste et diverse.
Utilisez davantage vos compétences personnelles.
Les conséquences vous surprendront.

4e Heure
Ne négligez pas la force des apparences.
La réalité est une chose mais c'est le rêve qui l'emporte.
Repensez l'offre par rapport à la demande.
C'est ainsi que vendre le rêve deviendra réalité.

5e Heure
La nature a besoin de repos pour préparer le printemps.
Ces cycles naturels sont riches d'enseignement.
Il est sage de les observer et d'en tirer une leçon.
Ne faites rien durant trois lunes.

6e Heure
Vous avez oublié d'observer les signes.
Les Dieux parlent de façon inattendue.
Vous allez rencontrer de nouvelles personnes.
Avant que la lune ne revienne, un signe se manifestera.

7e Heure
Ne suivez pas aveuglément la première voix entendue.
Prendre plusieurs conseils est sage.
Mais n'accueillez pas celui de l'intéressé.
Pour agir sagement, il faut être prudent.

8e Heure
Les astres se sont placés d'une étrange façon.
Comment lutter lorsque le ciel s'en mêle.
Prenez votre temps car deux cycles solaires sont requis,
Pour repartir d'un bon pied et avec succès.

Oracle de l'Est

1er Heure
Possédez-vous cette terre ?
C'est une erreur de le croire.
Elle appartient à la nature et aux esprits du lieu.
C'est avec eux que vous saurez quoi en faire

2e Heure
Il n'est pas fait de terre ou de biens.
Sans votre esprit vous ne pouvez rien.
Il vous a été légué comme un bien précieux.
Prenez en plus soin et vous serez heureux.

3e Heure
Ne négligez pas vos biens matériels.
L'esprit et l'âme sont toujours importants.
Mais dans l'année qui vient c'est sur le visible,
Que vous devez porter votre attention.

4e Heure
Vous l'avez porté depuis votre naissance.
Vous l'avez invoqué des millions de fois.
Il a laissé en vous comme une marque profonde.
Chérissez votre nom, c'est une vraie richesse et aussi un pouvoir.

5e Heure
Vous avez eu raison de vous en préoccuper.

Mais prenez maintenant garde de ne pas oublier l'essentiel.
Le corps n'est rien sans l'esprit et l'âme.
La vie ne vaut rien si l'on n'a pas de morale.

6e Heure
Vous avez vécu sans trop y penser,
Mais c'est grâce à eux que vous avez ces biens.
Ouvrez vos yeux, car ces ancêtres sont les vôtres.
C'est de ce passé que viendra la richesse.

7e Heure
Il existe deux mondes, ne l'oubliez pas !
Le premier nourrit le corps
Le second est celui de l'âme.
Il est temps de savoir quel est votre courant spirituel.

8e Heure
Toutes les choses autour de nous sont liées.
L'une entraînant l'autre, rien n'interrompt la course du destin.
Créez en vous l'unité, de votre corps et votre âme.
C'est seulement ainsi que vous pourrez être libre et heureux.

Oracle du Sud

1er Heure
Dois-je vous rappeler que vous êtes né nu ?
Vous avez amassé de multiples biens.
En eux-mêmes, ils ne sont toutefois rien.
Vous ne pourrez jamais les conserver en votre vue.

2e Heure
Le créateur de l'univers créa d'étranges lois
Tout autour de nous est en incessant mouvement.
Vous avez acquis bien des choses mais c'est vainement.
Ce qu'on vous a donné, vous aussi le transmettre vous devez.

3e Heure
On vous dit de vendre, de donner ou de confier.
Ignorez ces bavards et intéressés. Ils sont tous pareils.
Ils ne sont pas aujourd'hui de bons conseils.
Conservez pour l'instant ce que vous avez gagné.

4e Heure
Il y a des moments de doute et c'est bien naturel.
Vous aimeriez connaître le secret des astres
Ou entendre la voix des Dieux oubliés.

N'ayez crainte car ils choisiront bientôt pour vous.

5e Heure
Il n'est pas nécessaire de prendre maintenant votre décision.
Prenez quelques temps de repos et de calme.
Dans une lune, les cieux vous donneront un signe.
Attendez-le avec confiance car il vous éclairera.

6e Heure
N'écoutez pas celui qui vient de vous donner ce conseil.
Il ne faut pas vendre, mais donner ce que vous pouvez.
Il va venir un temps où les choses seront différentes.
Mais les astres aujourd'hui sont clairs sur cette question.

7e Heure
Les astres vous sont aujourd'hui favorables à l'achat !
Des signes vous seront donnés sans tarder.
Mais n'attendez pas après que le soleil soit entré dans la balance.
Ensuite pour pourrez vendre sans crainte.

8e Heure
En vérité vous devez transmettre et c'est une nécessité.
Mais ne vous trompez pas sur ce que vous possédez.
C'est de votre bien spirituel dont il faut parler,
Car le reste est aujourd'hui sans conséquence.

5E TEMPLE DU CIEL

Chapelle de Karknoumis

Oracle de l'Ouest

1er Heure
Retirez-vous de là, c'est une médisance,
Car de la plus honnête on en parlera mal.
Sera néanmoins en savoir du mal,
Mais juste pour faire tomber chacune en cadence.

2e Heure
Voir de la compagnie est bien à votre cœur.
Cela convient à votre humeur galante.
Si vous ne voyez personne, vous n'êtes pas contente.
Réjouissez-vous de les voir et gardez votre humeur.

3e Heure
Le moins vous pourrez fréquenter les foules
Mieux vous vous porterez et je vous le conseille.
Tout le monde n'a pas une grossière oreille.
Écartez-vous en donc, si vous le pouvez.

4e Heure
Oui, vous devez les voir et aussi les bannir.
Votre humeur est discrète et votre bouche close,
Hésitant à parler d'une mauvaise chose.
Qui ne commet pas le mal, ne peut se voir punir.

5e Heure
Si vous voulez éviter la malice,
Il faut que vous soyez seule en votre maison,
Que ne voyez personne, ou bien cette saison
Vous fera des méchants reconnaître le vice.

6e Heure
Votre esprit ne saurait vivre sans compagnie,
Et pour vous maintenir vous fréquentez vos amis ;
Et ne pouvez pas les mécontenter,
Car vous vous souhaitez ardemment les garder.

7e Heure
Méfiez-vous de votre dernière rencontre.
Même s'il vous semble que les astres ont agi,
Une réflexion plus attentive vous montrera
Que les choses peuvent avoir une autre apparence.

8e Heure
Ne placez pas toutes vos amitiés sur le même plan.
Jadis vous avez déjà fait des erreurs.
Servez-vous de votre raison et non de vos sentiments.
Ainsi la clarté sera faite.

Oracle du Nord

1er Heure
Hélas ! Vous l'aimez trop pour pouvoir le changer ;
Contentez votre cœur aimant cette belle âme,
Qui néanmoins pour vous n'a pas de flamme,
Mais à qui votre cœur ne peut renoncer.

2e Heure
Où avez-vous les yeux, d'aimer autant

Un qui n'a rien d'autre que le goût du changement ?
Pensez-vous pouvoir vous faire aimer quand même ?
Non, il vous faut changer d'amant.

3e Heure
Aimez et chérissez cet amant de bon cœur.
Au monde il ne se trouve une âme si royale ;
Son amour, son humeur que vous trouvez loyales ;
Faites-lui l'honneur d'être votre serviteur.

4e Heure
Chassez cet amant, éloignez-le de vous,
Et que son amour ne reste pas dans votre cœur.
Il ne sait pas aimer une femme plus qu'une heure,
Car il est inconstant sur tout.

5e Heure
Gardez-vous d'en changer, vous perdrez au change.
Vous n'en trouverez pas un qui vous aimera mieux.
D'entre tous, conservez le plus vieux,
Car à votre humeur doucement il se range.

6e Heure
Vous voyez devant vous celle qui le maîtrise,
Et vous voyez du peu de cas qu'il fait de vous.
Pourquoi donc alors vous demandez-vous
Si vous devez changer d'amant qui autant vous méprise ?

7e Heure
Prenez enfin du recul, il est grand temps.
Écoutez votre voix, mais ne décidez rien maintenant.
Le temps et la raison vous aideront surement,
Pour décider si vous l'aimez vraiment.

8e Heure
Il ne sert à rien d'attendre.
Votre décision est déjà prise et il faut l'accepter.
Pourquoi attendre ?
Dans quelques mois, il sera trop tard.

Oracle de l'Est

1er Heure
Son service mérite un amour éternel ;
N'attendez donc pas pour le récompenser.
Son amour, son mérite sont à vos pieds

Gardez les avant que s'en saisisse une autre Demoiselle.

2e Heure
Cette humeur volage ne peut rien mériter,
Sinon une faveur encore plus volage ;
Un regard seulement doit être son partage,
Et croyez que c'est assez pour le bien contenter.

3e Heure
Le temps qu'il passe pour vous et qu'il vous fait service
Lui a fait mériter de vous quelque faveur ;
Pour moi, je suis d'avis qu'il reçoive ce bonheur,
Sinon qu'il vous blâme de vice.

4e Heure
Il n'est pas certain qu'il tire récompense,
Ni que nulle faveur encore vous lui fassiez,
Pensez-y à plusieurs reprises :
Il faut avoir de lui plus de reconnaissance.

5e Heure
Il est bien raisonnable, ayant été servi
D'un humble serviteur, de le favoriser.
Vous devez pour ce fait son service apprécié
Pour vous le garder longtemps près de vous.

6e Heure
Si vous voulez servir comme au monde de fable,
Et que chacun fasse de vous un conte pour en rire,
Alors remplissez ses désirs,
Mais vous serez au monde à jamais misérable.

7e Heure
Ne vous méprenez pas sur ce que vous imaginez.
A trop vouloir devinez l'avenir.
On en vient à prendre nos désirs
Pour des réalités parfois bien loin de la vérité.

8e Heure
Il est temps de vous demander,
Ce qu'au fond, vous souhaitez.
Attendez-vous l'amour partagé,
Ou la vie soumise d'une esclave enchainée ?

Oracle du Sud

1er Heure
Prenez bien garde et protégez-vous,
Sinon vous risquez d'accoucher dans neuf mois.
Souvenez-vous qu'une seule fois,
Peut suffire pour avoir le gros ventre.

2e Heure
Folâtrez librement avec votre ami,
Prenez votre plaisir et faites-le sans crainte.
Car jamais de lui vous ne serez enceinte,
Non qu'il ait pour cela quelque défaut en lui.

3e Heure
Prenez garde quand vous ferez l'amour,
De trop pousser votre mignardise.
Car, si vous n'y pensez pas, vous vous trouverez prise,
Et vous en maudirez cent fois l'heure et le jour.

4e Heure
Faites l'amour sans crainte et ne doutez de rien.
Jamais de votre fait on n'aura connaissance,
Et n'entrez jamais pour cela en méfiance.
Soyez un peu discret et tout ira bien.

5e Heure
Laissez jouer le jeu sans rien dire
Laissez-le faire et jouer à sa guise.
Qu'il agisse enfin sans fainéantise,
Car il est en cela toujours très lent.

6e Heure
Ne vous excusez point de ne pas le faire
De peur de l'accident qui peut vous arriver.
Ceci ne doit pourtant pas empêcher le plaisir,
Et l'homme ne saurait vous le reprocher.

7e Heure
Le plaisir est humain et part de la vie.
N'hésitez donc pas dans ce choix.
Courte est la vie.
Aussi, n'attendez pas pour écouter cette voix.

8e Heure
Trouvez un équilibre dans vos passions.

La vie ne se réduit pas au corps malheureux.
Il faut un peu de raison,
Pour créer des moments heureux

Chapelle de Evous

Oracle de l'Ouest

1er Heure
L'amour, la crainte et la discrétion,
La loyauté qui loge dans votre âme,
Votre secret, feront durer la flamme,
A tout jamais de votre affection.

2e Heure
Le plaisir ne peut être où la peur demeure,
Et la peur est toujours où l'amour est secret.
L'amour qui est secret veut un amant discret
Et le vôtre ne peut le demeurer une heure.

3e Heure
Si votre amant avait la même envie
Que vous avez de vivre en aimant secrètement,
Votre amour durerait plus qu'éternellement ;
Mais cet amour n'est pas le plaisir de sa vie.

4e Heure
Votre amour durera plus que l'éternité,
Sans que jamais aucun n'en ait connaissance.
Vivez joyeusement, ayez cette croissance,
Ce qui est prédit est toute vérité.

5e Heure
Votre amour ne saurait longtemps durer,
Vous y êtes par trop secrète et retenue.
Vous voyez chaque jour comme elle diminue,
C'est trop faire endurer votre amant.

6e Heure
L'amour qui est contraint est de peu de durée,
Et difficilement on peut le conserver.
Il faut trop de maximes et de faits observés.
Le vôtre pour cela n'est pas bien assuré.

7e Heure
Votre discrétion, votre bon jugement,

Le respect qu'il vous porte et l'humble assurance
Aveugleront le monde et personne n'aura connaissance
De votre amour secret en ce temps.

8e Heure
Pour un temps vous tiendrez votre amour un peu caché
Et personne n'aura notice de cela.
Mais par celui même qui en son cœur le portait
Un jour votre amour sera découvert.

Oracle du Nord

1er Heure
Non, certainement, on vous veut trop de bien.
On vous fera toujours à l'abord bon visage,
Car vous avez réservé vers eux cet avantage
Qu'un autre, à part vous, n'y peut espérer rien.

2e Heure
N'espérez plus avoir un bon œil de la Dame,
Ni faveur qui provienne de là ;
Vous ne devez rien espérer de ce côté-là
Qu'une maigre réponse en mépris pour votre flamme.

3e Heure
Allez-y quand vous voudrez, vous serez bienvenu :
Vous le reconnaîtrez à son langage,
Bénirez le jour d'un si heureux voyage,
Et maudirez celui qui vous en a retenu.

4e Heure
Différez quelque temps d'aller voir votre maîtresse :
Si vous y allez si tôt, vous seras mal reçu ;
Gardez que vous ne soyez de son amour déçu,
Et que contre votre vouloir il faille que vous la laissiez.

5e Heure
On ne saurait au monde être aimé davantage.
Conduisez cette fortune avec discrétion,
Gardez ce bon visage et cette affection,
Vous seras estimé de toute femme sage.

6e Heure
Faites ce que vous pourrez pour apaiser son ire,
Car elle est contre vous extrêmement fâchée,
Elle ne peut pas vous voir d'un bon œil désormais ;

Je sais bien pourquoi, mais je ne l'ose dire.

7e Heure
Nulle rencontre n'est fortuite.
Les déesses du destin n'agissent jamais en vain.
Aussi laissez la relation se construire
Et votre surprise sera grande enfin.

8e Heure
Pourquoi la nature vous a-t-elle donné un langage
Si ce n'est pour l'utiliser ?
N'ignorez pas ce message,
Que vous n'avez peut-être pas écouté.

Oracle de l'Est

1er Heure
On a beau vous reconnaître en la nécessité,
Et que vous avez besoin de ce que vous désirez,
Mais on se plait tellement à vous voir souffrir
Que l'on ne changera pas cette adversité.

2e Heure
Demandez joliment, son cœur est disposé
De recevoir le vôtre sans aucune feignantise ;
Mais faites-le sagement et ne faites pas la sottise
De penser que vous soyez pour cela refusé.

3e Heure
C'est en vain espérer, ne demandez plus rien ;
Tout le monde est résolu à nier votre demande,
On regarde peu ce qui vous recommande
Et le pouvoir qu'il y a de vous faire du bien.

4e Heure
Dès le commencement vous serez refusé ;
Ayez un peu de patience,
Car en tout il n'y a que la persévérance ;
Enfin de votre espoir vous ne serez pas abusé.

5e Heure
Vous serez refusé, ne risquez pas ce point,
Puis vous serez désolé de votre outrecuidance,
Qui fera reconnaître à tous votre imprudence.
Regardez-y deux fois et vous ne ferez pas la faute.

6e Heure
Son œil s'accorde à tout ce que vous pouvez demander,
Son cœur même y consent, que voulez-vous davantage ?
Qu'on s'abaisse là où votre faible courage,
De peur d'être refusé, craint de se risquer ?

7e Heure
Vous hésitez encore alors que les signes sont clairs ?
Avancez avec courage et sans hésitation.
Vous serez surprise de l'air
Qu'il prendra en répondant à votre question.

8e Heure
Pratiquez le silence, pour quelque temps.
Il est bon d'être là par choix,
Et de choisir le bon moment
Pour avoir l'occasion de l'accueillir chez soi.

Oracle du Sud

1er Heure
Oui, car votre douceur, qui en premier l'attira,
Toujours pour lui se montre continue,
Et fait que son amour vers vous s'accentue.
Aussi pour lui votre amour constant demeurera.

2e Heure
Non, car votre humeur est contraire à la sienne.
Il aime également et vous changez toujours ;
Mais il vous changera avant qu'il soit trois jours ;
Puis vous aurez regret de votre amour passé.

3e Heure
Un si digne sujet mérite bien qu'on l'aime ;
Ainsi de votre ami, vous devez l'estimer,
Car il continuera toujours à vous aimer,
Jusqu'à vous aimer plus qu'il ne s'aime lui-même.

4e Heure
Non, car il a trop reconnu votre amour
Et sait que sans l'aimer vous ne sauriez plus vivre ;
C'est à vous désormais de poursuivre son amour
Si vous désirez le posséder plus qu'un jour.

5e Heure
Votre amour et le sien sont inséparables,

Ni l'absence ni le temps ne les séparera,
Mais à l'envie de l'un l'autre fort se fera.
Il ne se vit jamais rien d'aussi durable.

6e Heure
Son amour envers vous n'est que feinte,
Il aime une autre plus que vous.
Cela se sait visiblement de tous,
Seule vous l'ignorez, qui l'aimez sans feinte.

7e Heure
Utilisez votre raison et ignorez votre passion.
Pour un temps seulement,
De cela dépend votre possible union
Qui ne saurait se satisfaire d'un faux amant.

8e Heure
La réponse vous sera évidente,
Lorsque le troisième jour suivant la prochaine nouvelle lune,
Vous entendrez les premiers mots de l'amant
Et réaliserez l'état de votre âme.

Chapelle de Foupe

Oracle de l'Ouest

1er Heure
Son destin lui promet mille bonheurs,
Et Venus toujours le chérira ;
Sa vie heureusement ainsi se passera ;
Mais ce sera peu, car il ne survivra pas à la guerre.

2e Heure
Qu'il évite, s'il peut, l'influence céleste,
Qui de mille malheurs son cours va menaçant
Qu'il ait recours aux Dieux, qui sont tous puissants,
Pour détourner le coup qui menace sa tête.

3e Heure
Si trop jeune on lui donne un peu de liberté,
Croissant, il se fera vicieux à outrance ;
Ce sera un personnage de toute impertinence,
Dégénérant à ceux de sa postérité.

4e Heure
Il sera bon soldat et brave capitaine,

Tant sur terre qu'en mer on parlera de lui ;
Laissez-le voyager dès aujourd'hui :
Il fera partie des galants, c'est chose très certaine.

5e Heure
Pour un peu l'on croira que c'est quelque chose,
Et promettra un peu dès le commencement,
Mais la fin en sera extrêmement mauvaise,
Car un astre malin de sa vie dispose.

6e Heure
Il sera quelque jour un membre de cette Eglise,
Bien qu'il en soit un temps par les siens empêché ;
Et quand ils le verront chef d'un Évêché,
Alors ils le laisseront gouverner à sa guise.

7e Heure
Un astre et un être céleste veillent sur lui.
Nul doute que sa destinée
Ne soit le résultat d'une vie passée
Pour aboutir brillamment dès aujourd'hui.

8e Heure
Oubliez cette question.
Elle est oiseuse car l'important est son éducation.
Alors cet enfant grandira, équilibré
Et béni pas les puissances divines.

Oracle du Nord

1er Heure
Cette grande douceur qui reluit en sa face,
Ce parler gracieux, cette bonne façon,
Montre bien qu'il sera bon garçon,
Car en tout ce qu'il fait il a très bonne grâce.

2e Heure
Il ne sera jamais d'un esprit reposé,
N'espérez pas faire de lui un grand personnage :
Car, plus il vieillira, moins il sera sage,
Et il ne sera point ce que vous avez imaginé.

3e Heure
De son habileté l'on n'en saurait juger ;
Mais, si le fils un jour doit ressembler au père,
Et qu'il ait un peu de l'humeur de la mère,

A toute habileté on le verra ranger.

4e Heure
Cette vivacité, dont ce corps est rempli,
Cet esprit qui paraît en si diverse sorte,
Le temps de la jeunesse aussitôt le transporte,
Car ce ne sera rien en son temps accompli.

5e Heure
Ce qu'on se peut promettre en une adolescence,
Nature l'a infus au corps de cet enfant ;
Mais corrigez en lui ce qu'un astre défend ;
S'il continue, il sera grand de bien et de puissance.

6e Heure
C'est autant de temps perdu et de vaines études :
De cet enfant vous n'aurez pas ce plaisir ;
Il n'a d'étudier nullement le désir,
Cela viendra peut-être avec l'habitude.

7e Heure
Avez-vous prié les fileuses du destin ?
Avez-vous invoqué les messagers divins ?
Il faut commencer par cela avant tout
Si l'on souhaite une victoire au bout.

8e Heure
Son destin est déjà tracé et écrit.
Par le passé et le présent il est bâtit.
S'interroger sur cela ne sert à rien,
Sinon à rappeler qu'il ne vous faut jurer de rien.

Oracle de l'Est

1er Heure
Tous n'auront pas de bonheur également,
Mais ils travailleront autant que vous les aimez.
Ayez soin dessus tout d'élever le troisième ;
Vous en aurez le plein contentement.

2e Heure
Oui, tous seront heureux selon leur condition,
Et vous devez remercier les Dieux d'une faveur si grande,
Car ils n'accordent pas tout ce qu'on leur demande,
Surtout si on y est poussé par quelque ambition.

3e Heure
Ils seront heureux pendant que vous vivrez,
Pour être gouvernés par une affectueuse mère.
Mais après votre trépas une douleur amère
Les rendra malheureux car vous ne seras plus là.

4e Heure
Ils seront heureux à part un seulement,
Qui, trop présomptueux, ira en décadence.
Pour les autres n'ayez pas d'inquiétude,
Car ils seront heureux également.

5e Heure
Ceci est inconstant et sujet à changer,
Tellement qu'on n'en peut tirer nulle assurance.
Ils seront bienheureux,
S'ils savent accorder leur humeur à la vôtre.

6e Heure
A bon droit l'on peut vous nommer bienheureuse,
Car toujours le serez et vos enfants heureux,
Rendront chacun de leurs actes amoureux,
Car ils n'ont pas une nature vicieuse.

7e Heure
Fortune ne vous veut être si favorable
Que vous puissiez les voir pourvus à votre plaisir.
Quelqu'un le sera bien comme vous avez le désir,
Mais des autres, rien ne sera très agréable.

8e Heure
Que vous serez heureuse à pourvoir vos enfants !
Vous les avez pourvus dans leur jeunesse,
Ils sont riches d'honneur, de respect, de sagesse,
Jusqu'à être l'appui de vos caducs ans.

Oracle du Sud

1er Heure
C'est chose véritable, avant qu'il soit deux ans,
Vous aurez déjà eu des enfants,
Et poursuivant ainsi l'effet du mariage,
Vous aurez de bons et beaux enfants.

2e Heure
Ne soyez pas surpris si vos enfants

Ne sont pas vos enfants.
Le sang n'est pas toujours le même
Et pourtant ils restent ceux qui vous aiment

3e Heure
Vous aurez un enfant à un âge un peu avancé ;
Passez donc votre jeunesse en toute gaieté,
Ne restez pas dans les lieux que déjà vous connaissez,
Seulement usez du sens commun le plus sage.

4e Heure
Si vous le voulez faire en toute sureté
Avant que ne soyez à votre amant lié,
Souvenez-vous qu'il faut vous protéger
Ou vous serez enceinte sans difficulté.

5e Heure
Vous êtes et serez stérile ;
Faites-le hardiment, ne vous épargnez point ;
Prenez plaisir et faites-le à point,
Vous serez toujours une jeune fille.

6e Heure
Vous peuplerez le monde et fort abondamment :
Vous aurez en effet une grande famille ;
Vous montrerez par là que vous savez comment
Suivre la nature et son commandement.

7e Heure
Il y a des enfants de plusieurs sortes.
Certains selon le corps, d'autres selon l'esprit.
Vous aurez des enfants qui vous rendront fort.
Que croyez-vous que soit admis ?

8e Heure
Ne vous laissez pas abusez pas les avis dits éclairés.
Ne désespérez pas face à la vie.
C'est du fond de cet état que la lumière renaît
Pour montrer que l'on peut transformer sa vie.

6^{E} TEMPLE DU CIEL

Chapelle de Tom

Oracle de l'Ouest

1er Heure
Un mal si violent comme est votre infortune
Ne saurait longuement en son être durer ;
Pour un peu de temps forcez-vous d'endurer :
Peu de temps durera le mal qui vous importune.

2e Heure
Que d'années se passeront avant que votre mal cesse !
Combien cette infortune affligera votre cœur !
Mais il faut que vous soyez de vous-même vainqueur,
Brisant sa longue course avec votre sagesse.

3e Heure
Vous-même par appel causerez sa longueur,
Car c'est rompre le cours de la voir terminée
Par ceux qui désiraient la voir exterminée,
Qui pour la prolonger emploieront leur rigueur.

4e Heure
Tôt elle prendra fin, ayez cette croyance ;
Chacun reconnaît qu'on vous a fait du tort,
Et ceux qui en sont cause ont ce cruel remord,
D'avoir jugé coupable une pure innocence.

5e Heure
A pas lents et tardifs une infortune vient,
Qui à s'en retourner est autant paresseuse ;
La votre en est ainsi et si pernicieuse
Que son cours est sans borne et rien ne le retient.

6e Heure
Cela dépend du soin de quelques bons amis :
Elle durera peu s'ils font diligence,
Mais elle durera si par leur négligence
Ils laissent prendre pied sur vous aux ennemis.

7e Heure
Votre douleur est réelle, mais qu'elle en est la cause ?
La découvrir effacera la peine,
Qu'aucun médecin ne peut comprendre.

Oui elle disparaîtra avant le prochain cycle des astres.

8e Heure
Dans une semaine, la solution sera là.
La douleur cessera et disparaitra.
Mais prenez garde ou jour suivant,
Pour que rien ne la réveille nuitamment.

Oracle du Nord

1er Heure
Votre diète est assez bonne
Pour vous éviter le médecin
Toutefois prenez bien garde
A ne pas vous relâchez sur ce point.

2e Heure
Vous devriez sérieusement y penser
Car votre diète est désastreuse
Et votre cœur en y changeant rien
En subira les mauvaises conséquences.

3e Heure
Votre table est généreuse et ouverte
Bon nombre de vos amis en tirent profit
Mais réfrénez votre appétit
Pour garder votre santé alerte.

4e Heure
N'y pensez pas trop en ce temps
Vous avez besoin d'être content
Et satisfait de votre quotidien
Vous verrez bien demain.

5e Heure
N'essayez pas de tout recommencer
Apportez seulement quelques changements
Vous vous en porterez mieux
En usant des douceurs avec discernement.

6e Heure
Votre goût pour les alcools fins
Pourrait bien vous jouez des tours ;
Modérez votre grand amour
Des liqueurs et des vins.

7e Heure
Votre tempérament gourmet
Vers des abus vous entraine parfois
Si vous pouvez le modérer
Vous ne vous en porterez que mieux.

8e Heure
Pour votre contentement
Votre diète est établie
Équilibrée avec les ans
Elle vous soutient toute votre vie.

Oracle de l'Est

1er Heure
En l'âge juvénile vous ferez de la peine,
Car vous serez sujet à souffrir mille maux ;
Mais, si vous la passez, vous n'aurez pas les assauts
Que souffrent les mortels en cette vie humaine.

2e Heure
Vous passerez joyeux le Printemps et l'Été ;
Mais, quand vous atteindrez la saison de l'Automne,
Vous ne la trouverez pas pour votre santé si bonne,
Car toujours vous serez de mal inquiété.

3e Heure
Vous ne serez jamais accablé de malaise ;
Si vous le devenez, ce sera d'accident,
Car l'astre qui, sur vous a pris son ascendant,
Promet que toujours vous serez à votre aise.

4e Heure
Chérissez votre corps le plus que vous pouvez,
Car vous êtes sujet à devenir malade,
Et si vous n'en avez une soigneuse garde,
De quinze en quinze jours malade vous serez.

5e Heure
Vous n'êtes point sujet à maladie,
Car votre corps est fort bien composé ;
Et si vous êtes un jour mal disposé,
Il proviendra de la mélancolie.

6e Heure
Il faudrait que le jour où vous êtes venu au monde
Eut été pour votre heure celui de votre mort,
Car on vous a donné quelque malheureux sort
Qui vous fera souffrir cent morts avant la seconde.

7e Heure
Les astres veillent sur vous,
Mais ne les tentez pas trop par vos excès.
Le corps est le reflet du ciel et votre santé
Dépend de l'harmonie créée dans le tout.

8e Heure
Soyez prudent en approchant la prochaine lune
Car une influence étrangère
Pourrait vous atteindre
Mettant votre santé actuelle en danger.

Oracle du Sud

1er Heure
Vous avez beaucoup d'inconstance,
Chaque lieu vous fait changer d'humeur,
Cela vous durera jusqu'à l'âge mur,
Lorsque vous aurez de vous plus de connaissance.

2e Heure
Vous ne pouvez pas changer d'humeur :
Celle que vous avez n'a point son origine
Des lieux ou des saisons ; elle est divine ;
Et elle durera perpétuellement.

3e Heure
Non seulement les lieux vous feront changeante,
Mais voir, parler et la moindre façon
De faire, à votre humeur servira d'hameçon,
Et vous n'aurez d'autre soin que de vous rendre contente.

4e Heure
Tous les lieux vous seront toujours indifférents,
Et pour changer d'humeur ne changez pas de place ;
Celle que vous avez est d'assez bonne grâce
Puisqu'elle plait à tous et à vos plus proches parents.

5e Heure
C'est bien pour certain que le lieu où vous êtes

Vous retient en l'humeur que vous avez d'aimer.
Changez si vous ne voulez plus de cette humeur,
Autrement vous serez en constance parfaite.

6e Heure
C'est la même inconstance, elle change à tout vent ;
Tout objet lui déplait puis lui plaît à nouveau ;
Jamais de même humeur constante elle ne demeure,
Et sans changer de place elle change souvent.

7e Heure
Ne laissez pas les astres affecter votre humeur.
Les conséquences en seraient désastreuses.
Vivez sainement et votre vie sera heureuse.
Considérez votre caractère et agissez dans l'heure.

8e Heure
Reconnaissez vous tel que vous êtes vraiment.
Ne vous cachez pas à vous-mêmes.
Le plus important est que quelqu'un vous aime.
Alors cessez d'agir comme un enfant.

Chapelle de Ouostesoukoti

Oracle de l'Ouest

1er Heure
Prenez confiance dans les fileuses
Elles en viendront peut-être à vous écouter
Si vous savez sincèrement les honorer
Et abandonner votre inquiétude frileuse.

2e Heure
Les Dieux ont peut-être mis sur votre tête
Un arrêt implacable et terrible
Cette maladie vous rongerait sans doute
Si vous n'aviez pas eu grâce auprès du divin céleste.

3e Heure
Ne tardez pas à consulter
Votre médecin pourra vous soigner
La vie est courte, prenez en soin
N'attendez pas au lendemain.

4e Heure
Les fruits de la terre sont à votre portée.

Ne les ignorez pas ; utilisez-les.
Ils vous apporteront réconfort et paix.
Apprenez de la nature car du créateur elle est née.

5e Heure
Le temps joue en votre faveur
Vos forces vous soutiennent
Aussi n'ayez pas peur
Et luttez pour que ce mal s'éteigne.

6e Heure
Ce mal qui est en vous est une plaie de l'âme
Ressaisissez-vous et changez votre humeur
Regardez bien autour de vous
Vous êtes si près du bonheur.

7e Heure
Les médecins feront tout ce qu'il faut,
Vous aussi vous combattrez ces maux
A perdre il n'y a pas de temps
Profitez de vos jours pleinement.

8e Heure
Votre lot est celui-ci, vous n'y pouvez rien
Adaptez votre humeur
Freinez votre chagrin
Vous donnerez du bon à votre cœur.

Oracle du Nord

1er Heure
Au commencement tout était contenu dans un point.
Puis les éléments se séparèrent, la matière s'organisa et la vie apparut.
Enfin les êtres foulèrent cette terre nourricière.
Cherchez en elle ce qui peut vous aider car elle est votre mère.

2e Heure
Il est des moments où on peut agir seul.
Les signes sont aujourd'hui clairs et il faut les suivre rapidement.
Voyez un médecin sans tarder,
Et avant une lune vous saurez.

3e Heure
La tour d'ivoire enferme plus qu'elle ne protège.
Le vent qui la traversait a aujourd'hui disparu.
Les outres emplis d'air ne sont plus suffisantes.

Sortez et que l'éther venant du ciel vous inonde.

4e Heure
L'être n'est jamais totalement seul dans ce monde.
Les Dieux bienveillants nous contemplent
Et nos amis ne sont jamais bien loin.
Demandez l'avis du ciel et de la terre.

5e Heure
Le silence prépare l'apparition de la lumière
De la même façon, faites silence, intérieur et extérieur.
Tournez votre regard vers l'intérieur.
Alors soyez attentif aux signes de votre corps.

6e Heure
On se nourri souvent par habitude et tradition.
Il est maintenant temps d'apprendre à vous connaître.
Observez votre corps et son équilibre.
Sélectionnez ce qui le favorise, rejetez ce qui le perturbe.

7e Heure
Lorsqu'un être s'immobilise, il meurt peu à peu.
Le monde autour de vous est en mouvement.
Rien ne s'arrête, tout bouge indéfiniment.
Pour rester vivant, il faut bouger et vous vivrez heureux.

8e Heure
Il ne sert à rien d'attendre si longtemps.
Il y a des choses essentielles qui ne peuvent attendre.
Laissez là ce qui est secondaire et peut attendre.
Sortez et voyez un médecin dès à présent.

Oracle de l'Est

1er Heure
Une telle maladie peut être inquiétante.
Continuez les analyses commencées,
Mais avant son prochain anniversaire,
Un signe donnera la réponse. Ne l'ignorez pas.

2e Heure
Nous ne venons pas au monde tiré du néant.
Nous portons nos ancêtres dans chacun de nos traits.
C'est en eux que vous devez chercher,
Pour découvrir ce qui jusqu'à maintenant est resté caché.

3e Heure
Il est naturel de vouloir connaître la cause.
Mais parfois elle reste mystérieusement cachée.
Ne perdez pas de temps à chercher.
Il doit faire de l'exercice et la maladie régressera.

4e Heure
Son corps le porte depuis sa naissance.
Il est hélas naturel que des maladies se manifestent.
Il doit garder espoir en l'avenir qui arrive.
La méditation et les prières sont trop absentes.

5e Heure
Les Dieux parlent d'étranges façons.
Nous les avons souvent oubliés et c'est un tort.
Nous ignorons parfois leurs signes pourtant si forts.
Ces messages vous donneront la solution.

6e Heure
On cherche souvent la cause d'un problème,
Dans le corps ou les astres présidant à notre destin.
Oubliez aujourd'hui la cause car l'important est le message.
Cette maladie en est l'apprentissage.

7e Heure
Il a tourné son regard vers les cieux et les Dieux.
Il a sondé son passé et son devenir.
Les signes divins sont certes importants,
Mais cette fois-ci c'est son physique qui est trop ignoré.

8e Heure
On peut chercher dans le corps ou dans les cieux
La solution à ce problème préoccupant.
N'oubliez pas que tout ce qui arrive maintenant
A une cause dans d'anciennes vies passées.

Oracle du Sud

1er Heure
Nous aimerions n'avoir qu'une vie et naître nu.
Un régime sain et une vie de prière serait alors suffisants.
Mais nous ne pouvons écarter ce que nos ancêtres nous ont transmis
Et ce que nous avons reçu de nos vies passées.

2e Heure
Vous avez su prendre soin de votre esprit et de votre âme.

Vous avez su chercher les raisons des choses cachées.
Il faut maintenant considérer votre corps en entier.
Aidez-le par un régime adapté et il vous en saura gré.

3e Heure
Voilà une étrange question aujourd'hui posée.
Vous avez beaucoup lu et cherché la meilleure réponse.
Considérez ceci : buvez du fruit de la vigne avec modération.
Ainsi la vie du corps et de l'esprit seront entretenus.

4e Heure
Les pouvoirs qui nous ont été donnés,
Au cours de notre vie sont bien souvent limités.
Vous ne pouvez pas toujours changer votre destin,
Mais prévenir ces graves maladies est possible.

5e Heure
Cessez pour un temps de tourner votre regard vers les cieux.
Votre âme est incarnée pour le pire et le meilleur.
De ce véhicule vous devez tirer le meilleur
Et faire plus d'exercice physique jusqu'à ce que vous soyez vieux.

6e Heure
Vous savez que l'esprit créé la matière.
Contrôler votre âme et vos pensées,
Est la clé cachée que vous recherchez.
Pratiquez cet exercice psychique véritablement spirituel.

7e Heure
Depuis votre naissance vous vivez sur deux plans.
Il est des causes dont l'origine n'est pas physique.
Considérez le plan spirituel et astral.
Par une méditation plus constante vous serez protégé.

8e Heure
Vous n'êtes pas seul au monde. C'est une vérité !
Les énergies et les influences sont tout autour de vous.
A tout instant vous baignez dans ce courant.
Pour vous protéger, fréquentez des personnes équilibrées.

Chapelle de Afoso

Oracle de l'Ouest

1er Heure
N'attendez pas trop longtemps

Et ne baissez pas les bras
Armez-vous de courage car avec le temps
Votre entreprise se réalisera.

2e Heure
Tenez-vous bien en place
N'abandonnez pas la bataille
Persistez et vous verrez alors
Que votre succès se met en place.

3e Heure
Le sort en est jeté ; cet essai
Malheureux ne réussira pas
Vous devez en convenir
Votre méthode n'a pas d'avenir.

4e Heure
Offrez aux Dieux en toute sincérité
Défaites-vous de cette arrogance
Qui sur vous pèse depuis des années
N'attendez plus ; le temps est compté.

5e Heure
Il vous faut regarder
Votre passé d'un peu plus près
Nul doute vous y trouverez
L'explication à vos échecs répétés.

6e Heure
Cette période néfaste cessera
Avec votre détermination
Et vos offrandes aux Dieux
Vous parviendrez à reprendre le bon pas.

7e Heure
Nul doute que cette épreuve
Vous demande des efforts
Espérez en sortir encore plus fort
Car en bataillant vous en aurez la preuve.

8e Heure
Souvenez-vous d'où vous venez ;
Vous êtes bien arrivé
Dans toutes vos entreprises
A monter quelques marches.

Oracle du Nord

1er Heure
A cette heure si tardive
A laquelle se trouve votre vie
Oubliez cette question inutile
Qui en est presque maladive.

2e Heure
Vous devez faire appel chaque soir
A votre fidèle mémoire
Répertoriez votre journée
Vous êtes certain de tout vous rappeler.

3e Heure
Vous ne prêtez pas attention aux signes
Que vous croisez régulièrement
Ceci explique votre infortune
Qui se déroule dans le temps.

4e Heure
Quittez cette impression qu'ils sont tous négatifs.
Respirez et ouvrez les yeux du cœur.
De la peine naissent le réconfort et la force.
Une lune passera et vous réaliserez ce qu'est votre vie.

5e Heure
Un grain de sable sans aucun doute
S'est glissé dans la machine
Regardez devant vous
Pour agir et vous remettre en route.

6e Heure
Prenez le temps de méditer
Faites le bilan de ces évènements
Qu'avez-vous fait avant
Pour qu'ils vous accablent ainsi ?

7e Heure
Le sort en est depuis longtemps jeté
Une mauvaise passe vous traversez
Mais elle ne durera pas
Si vous ne baissez pas les bras.

8e Heure
Le passé est derrière vous

Laissez-le donc où il est
La chance maintenant vous sourit
Il vous faut la saisir sans attendre.

Oracle de l'Est

1er Heure
Pourquoi parlez-vous de hasard ?
Vous avez accepté un destin et ces épreuves.
Ce qui est écrit doit s'accomplir.
Vous n'êtes pas en ce monde sans raison.

2e Heure
Les circonstances de votre naissance et vie,
Vous ont placé en ce lieu et dans ce corps.
Nul autre que vous ne peut changer le plomb en or.
Il vous faut donc maintenant agir sans attendre.

3e Heure
Il ne vous appartient pas de répondre
A une question que seuls les Dieux connaissent.
Votre volonté et votre désir sont trop faibles.
Agissez et vous pourrez changer les choses.

4e Heure
L'horizon qui nous entoure cache le monde au-delà.
Vous marchez et il vous faut prendre de la hauteur.
Cette mauvaise fortune est toute relative.
Considérez votre vie comme un tout et vous en serez éclairé.

5e Heure
Vous ne pouvez changer le cours du fleuve qui vous emporte.
Cessez de lutter contre le courant.
Il existe une façon pour vous de changer les choses.
Apprenez à nager dans le sens du courant.

6e Heure
L'instant est la porte de l'éternité.
Considérez votre vie, les moments passés et les années à venir.
Pour vous libérez, vivez dans l'instant.
Cette mauvaise fortune est temporaire et toute relative.

7e Heure
D'étranges façons agissent les Dieux.
Il est bien difficile de les considérer bienveillants,
Lorsque nous vivons avec ce corps souffrant.

Pourtant, les Dieux agissent pour votre bien.

8e Heure
Vous n'avez pas encore vu les signes envoyés.
Ils reviendront par une bouche amie.
Écoutez la voix des puissances cachées
Et les choses vont soudainement changer.

Oracle du Sud

1er Heure
Il est humain de se sentir perdu et parfois désespéré.
Vous êtes entouré et pourtant parfois si solitaire.
N'hésitez pas à parler de votre désir,
Mais commencez d'abord par exercer votre volonté.

2e Heure
Le destin vous entraîne dans sa course mouvementée.
Vous n'êtes pas tout seul ainsi entraîné.
Regardez autour de vous les mains tendues.
Reconnaissez enfin ceux qui sont là pour vous.

3e Heure
Nul ne peut être aidé s'il ne se relève et loue les Dieux.
Chaque matin et chaque soir, priez la terre et les cieux.
Aimez-vous vous-mêmes et aidez-vous.
C'est le premier pas vers votre libération.

4e Heure
Vous vous êtes placé dans une situation préoccupante.
Prenez le temps de l'analyser.
Cherchez à connaître la façon dont tout cela est arrivé.
Rien ne pourra être fait, si vous ne commencez pas par cela.

5e Heure
La fierté pendant longtemps vous a figé.
Est-ce une faiblesse humaine ou votre vraie nature ?
Laissez de côté ces sentiments trompeurs.
Ils appartiennent au passé et il faut oser demander.

6e Heure
Dans votre vie, nul ne vous oblige à agir seul.
Entourez-vous d'amis et de connaissances.
Vous pouvez demander de l'aide, mais pas à votre famille.
Des proches sauront bientôt écouter vos besoins.

7e Heure
Votre question est sincère, mais erronée.
Ce n’est pas une aide matérielle qu’il vous faut.
Commencez par cherchez l’aide spirituelle.
Tout le reste viendra par surcroît.

8e Heure
Il est temps de considérer les astres jusque-là négligés.
Une aide est possible pour aboutir.
Mais attendez 4 lunes et observez les signes.
Par la bouche d’un ami les Dieux s’exprimeront.

7E TEMPLE DU CIEL

Chapelle de Soukoe

Oracle de l’Ouest

1er Heure
Avant que pour ami cet ami vous reçoive,
Considérez votre cœur, car il vous trompera,
Et quoi qu'il vous promette, jamais il ne vous aimera,
Ainsi il vous trompera sans que vous vous en aperceviez.

2e Heure
Celui qui s'offre à vous si libéralement
Au cœur franc et net, son amour est fidèle ;
Vous aurez raison de vous confier à tel ;
Reçevez-le pour ami de bon cœur totalement.

3e Heure
Ceux qui si librement vous offrent leur amitié,
Ayez-les pour suspects, si beaucoup d'assurance
Vous n'avez de les aimer, car en leur conscience
Ils vous sont ennemis plus qu'amis la moitié.

4e Heure
Oui, si vous avez d'eux quelque expérience,
Et que leur intérêt n'aille point le premier,
Car en ce cas toujours vous serez le dernier ;
Autrement aimez-les avec toute assurance.

5e Heure
Non, non, c'est trop errer que d'avoir pour amis
Ceux qu'on ne connait point ;

Ils vous saluent et vous adressent une boutade
Il est trop tôt pour être en votre amour admis.

6e Heure
Toujours soyez dans la courtoisie
Pour ceux qui viendront vous offrir leur amitié,
Que vous ne leur montriez aucune inimitié ;
Mais ne les aimez pas selon leur fantaisie.

7e Heure
N'avez-vous pas déjà entendu en vous la réponse désirée ?
Le doute n'est pas permis ici lorsque vous ressentez cela.
N'attendez pas pour changer d'attitude ici et là.
Aujourd'hui pour vous est le jour d'agir sans délai.

8e Heure
Son signe astrologique vous donne une indication précieuse.
Ne la négligez pas en vous interrogeant.
C'est de là que ce doute provient au cours du temps.
Cessez donc ce genre de relation et sans attendre soyez vous-même.

Oracle du Nord

1er Heure
Vous devez, par loi d'amour, une veuve épouser,
Et ne pas vous arrêtez à la folle jeunesse
D'une qui fut autrefois votre maîtresse ;
Vous devez refuser de la marier.

2e Heure
Le droit et la raison veut que ce soit une fille
Qui la première possède un cœur comme le vôtre,
Et qui de votre amour doit être le soutien ;
Si vous faites autrement vous ne serez pas habile.

3e Heure
Sous ses attraits l'amour se cachera,
Se servant de ses yeux pour vous plaire ;
Et si vous vous décidez,
Quand vous le voudrez elle vous épousera.

4e Heure
Rien n'est si constant que l'amitié de celle
De la jeune fille qu'on épouse et pour cela :
Si vous vous êtes engagé auprès d'une,
Faites que celle-là soit jeune et belle.

5e Heure
Votre esprit est faible, plus faible est votre courage ;
Il vous faut, pour ce fait, épouser une femme expérimentée :
Vous pourrez ainsi sur elle vous reposer
Pour tout ce qui sera du fait de votre ménage.

6e Heure
Un œil chastement doux vous doit bien convier
A l'aimer beaucoup plus que celui d'une veuve ;
N'allez point rechercher d'en venir à l'épreuve,
Car avec une fille il vous faut marier.

7e Heure
Tout le monde n'est pas fait pour le mariage
Et l'amour ne se limite pas à un lien visible.
Abandonnez cette idée pour vivre l'instant.
Concentrez-vous sur la qualité de votre relation.

8e Heure
Si vous le souhaitez, vous pourrez un jour vous marier.
Mais ne soyez pas surpris par la nature de cette union.
Les époques changent et les liens peuvent différer.
Une seule chose demeure et c'est la vérité.

Oracle de l'Est

1er Heure
Ne refusez pas d'aimer celui qui vous pourchasse,
Aussi bien vous l'aurez finalement pour mari.
Si vous faites autrement il partira d'ici,
Mais rien ne lui plaît plus que votre grâce.

2e Heure
Vous n'épouserez point celui que vous recherchez.
Il est épris d'une autre en même temps.
Vous ne devez pas regretter cet infidèle amant.
Sur son cœur l'amour n'a pas fait de brèche.

3e Heure
Il sera votre époux et vous serez son âme,
Pour vivre et pour mourir joyeux ensemble.
Il ne se vit jamais un couple d'amants
Plus unis, plus heureux que vous en cette flamme.

4e Heure
Vous irez bien avant jusqu'à vous fiancer,

Mais tout sera rompu par quelque méfiance,
Qui viendra de celui qui est votre espérance.
Ne pensez plus jamais pouvoir l'épouser.

5e Heure
Cette persévérance est en lui trop notable
Pour ne pas parvenir à ce qu'il prétend.
Il y a trop longtemps qu'après vous il attend.
Il sera votre époux, c'est inévitable.

6e Heure
Je ne sais quels empêchements
Divertiront sa bonne grâce ;
Mais celui que vous courtisez
Ne vous épousera nullement.

7e Heure
Non, non, vous ne saurez contredire Fortune,
Elle vous est en ce fait contraire extrêmement.
Vous ne seras jamais aimé fidèlement :
Toutes vos actions cette femme importune.

8e Heure
Détournez, si vous pouvez, votre fidèle amitié
De cet esprit léger tout rempli d'inconstance ;
Sur elle vous ne pouvez espérer de puissance,
Ni de votre mal jamais elle n'aura pitié.

Oracle du Sud

1er Heure
Celui que la Fortune en premier vous enverra,
C'est celui-ci qu'il vous faut sans hésiter prendre,
Ou bien il vous faudra encore vingt ans attendre,
Sans être certain que quelqu'un vous épousera.

2e Heure
Dieu est celui à qui vous allez vous consacrer,
Puisque dès votre enfance vous l'avez élu ;
Que donc ces beaux yeux n'aient ailleurs leur vue,
Car c'est dans son royaume qu'il vous faut résider.

3e Heure
Ce veuf a l'air bien froid et vous êtes trop belle
Pour être dans un lit auprès d'un tel mari.
N'épousez donc pas celui-ci,

Mais plutôt celui qui vous a tant promis de vous être fidèle.

4e Heure
Vous devez épouser un riche homme d'État,
Sans regarder au fait de sa noblesse ;
Épousez donc celui qui vous veut pour maîtresse :
Il n'attend que cela.

5e Heure
Il vous faut épouser un homme d'un bon milieu,
Pour satisfaire votre humeur ambitieuse ;
Mais vous serez une femme malheureuse,
Car il ne s'occupera de vous que très peu.

6e Heure
Aimez la campagne, aimez le labourage,
Il vous faut avoir de l'espace pour vous,
Vous en profiterez à votre goût
Et ferez ainsi longuement votre vie.

7e Heure
Vous ferez comme il faut d'aimer cet homme d'âge,
Il y a du destin à vous aimer tous deux.
Il vous aime beaucoup, cela n'est point douteux.
Épousez donc ce veuf, c'est à votre avantage.

8e Heure
Il faut à votre humeur un homme de la sorte
Qui ne soit point rétif, mais toujours en bon point.
Qui vous fasse caresse et ne reproche point
Le bien que lui faisait sa pauvre femme morte.

Chapelle de Ptekout

Oracle de l'Ouest

1e Heure
Votre humeur n'est pas pour être seule
Et le mariage encore vous agréera.
Épousez le second qui vous recherchera ;
Celui que vous aimez dissimule son amour.

2e Heure
O que la liberté rend douce notre vie !
Éprouvez-la en tout, ne vous mariez plus ;
Qui l'a un an été doit savoir le surplus,

Et n'en doit jamais plus avoir encore envie.

3e Heure
Votre bonheur dépend totalement du mariage :
Mariez-vous si vous voulez être heureux ;
N'attendez pas que vous soyez encore plus amoureux,
Faites-le dans les six mois et vous ferez le sage.

4e Heure
Fuyez ce labyrinthe et dangereux orage,
Cet environnement d'ennuis qui fait l'homme cornu ;
Qui l'a pour une fois et son fait reconnu
Ne doit pour la seconde entrer en mariage.

5e Heure
Votre tendre jeunesse et votre grande beauté
Méritent bien encore un mariage.
Remariez-vous donc ; vous en savez l'usage,
Vous y aurez toujours de la félicité.

6e Heure
Vous avez enfermé dans un même tombeau
Votre amant et l'Amour et sous la même lame
Gisent ensemble ; éteinte est votre flamme.
Vivez seule et contente, il n'est rien de si beau.

7e Heure
Garde bien de fléchir sous le joug du mariage ;
N'acceptez pas cette année de vous marier :
Il vaut encore mieux dix ans vous reposer
Que d'aller vous soumettre à un si dur servage.

8e Heure
Oui, il vous est nécessaire et de prendre alliance
En maison qui vous puisse en vos biens conserver,
Et ne vous amusez plus sur ce point à rêver :
C'est trop pour votre bonheur d'avoir de la prévoyance.

Oracle du Nord

1er Heure
Après avoir servi si longuement votre Dame,
Qu'un refus ne vous fasse entrer en désespoir :
On les voit refuser ce que voudraient avoir ;
Un jour elle éteindra votre amoureuse flamme.

2e Heure
Vous faites une folie aimant cette maîtresse,
Qui se rira de vous tant que vous l'aimerez.
Croyez que de son amour une seule fois vous jouirez :
Un autre aura le bien, vous aurez la tristesse.

3e Heure
Il ne se peut aimer un ami davantage.
Aimez autant qu'elle vous aime et vous en jouirez.
Vous acquérant ce bonheur, vous la gratifierez,
Et seul vous aurez le bien de sa première fois.

4e Heure
Non, c'est perdre le temps, vous n'en jouirez point ;
Faites ce que vous pourrez pour alléger votre flamme ;
Vous n'aurez jamais rien de si gentille Dame,
Car elle n'a pour vous nul amour en tout point.

5e Heure
L'amour qu'elle vous porte est si bien assuré
Qu'outre l'éternité encore durera
Et si vous n'en jouissez, autre n'en jouira :
Son amour est pour vous d'éternelle durée.

6e Heure
Si vous avez à souhait de l'argent et des biens,
Vous jouirez en fin de celle que vous aimez ;
Mais si vous n'avez de quoi, retirez-vous en vous-même :
Les Dames d'aujourd'hui n'aiment que les moyens.

7e Heure
Il est temps de lui parler de vos pensées intimes.
Vous devez partager vos doutes sans hésitation.
La vérité sera dévoilée par cette conversation.
N'oubliez pas que la vie à deux est une chose délicate.

8e Heure
Fermez cet oracle et dans deux heures exactement,
Le premier mot que vous entendrez sera la réponse.
Les Dieux parlent à leur façon et souvent.
Il vous faut plus écouter ces messages divins.

Oracle de l'Est

1er Heure
Un bon mari vous suffira,

Car vous n'aurez qu'un mari,
Qui même avec vous, aura grandi,
Avec lequel vous serez heureuse en mariage.

2e Heure
Votre premier mari sera plus âgé que vous,
Puis un autre vous prendra pour femme,
Avec lequel vous vivrez sans aucun différend.
Il sera tout à vous.

3e Heure
Vous aurez plusieurs maris.
Attention à ne pas les effrayer,
Car beaucoup ont peur de vous,
Pensant que vous leur êtes fatal.

4e Heure
Votre unique mari mourra alors qu'encore
Vous serez dans la fleur de votre âge.
Vous n'entrerez pas de nouveau en mariage,
Même si cent ans après lui vous viviez encore.

5e Heure
Vous ferez le serment dès le jour de vos noces
De n'avoir qu'un mari, quoi qu'il puisse advenir.
Vous saurez toujours bien l'entretenir,
Et à rien ne serviront les autres amorces.

6e Heure
Vous aurez deux maris. Quoi que l'amour premier
Sept ans, vous entretienne en la résolution
De n'avoir jamais une autre affection,
Vous céderez à ce dernier amour.

7e Heure
De nombreuses fois vous avez déjà essayé d'en parler.
Il vous faut persévérer dans cette direction.
Dans dix jours son attitude sera différente
Et cela vous donnera une précieuse indication.

8e Heure
Votre mariage ? Quel mariage ?
Est-ce vraiment la relation que vous souhaitez ?
Il vous faut maintenant agir pour révéler ce que vous voulez.
N'attendez plus, agissez maintenant !

Oracle du Sud

1er Heure
Vos enfants sont déjà grands, vous êtes à l'âge
Où il n'est plus pour vous souci de vous marier ;
Contentez-vous ainsi de tout profiter ;
Sans jamais rentrer en mariage.

2e Heure
Vos enfants sont petits ; vous, qui êtes leur mère,
N'avez pas les moyens de les élever seule ;
Vous pourriez perdre d'un coup tous vos biens
Trouvez-vous un amant qui soit pour eux un père.

3e Heure
Si vous considérez quelle est la liberté,
Et l'assujettissement lié au mariage,
Vous vous contenterez de vivre votre veuvage
Avec vos enfants, hors de captivité.

4e Heure
Vous avez peu d'enfants, vous êtes encore jeune ;
Tout cela vous permet de penser à l'amour,
Au mariage et de jouir un jour,
Par ce sacré lien, d'une heureuse fortune.

5e Heure
Désormais il est temps que vous fassiez retraite,
Et que passiez vos jours avec vos enfants ;
De vous remarier il n'en est plus le temps :
Retirez-vous donc seule en votre maison.

6e Heure
L'an ne passera pas de son triste veuvage
Qu'elle n'ait en son cœur une autre affection,
Qui lui enlèvera cette affliction
Par le moyen d'un nouveau mariage.

7e Heure
Amoindrissez vos feux par un autre moyen,
De vous marier vous n'avez pas le courage.
Même si le destin veut que mouriez seule,
N'attendez pas pour trouver un bon ami.

8e Heure
Les affaires qu'elle a indiquent qu'il est raisonnable

De prendre un mari qui puisse l'aider.
Sous un an, il lui faut trouver,
Car attendre trop longtemps n'est pas envisageable.

Chapelle de Kontare

Oracle de l'Ouest

1er Heure
C'est sans difficulté, votre cause est gagnée,
Vos amis ont à la fin connu leur mauvais droit ;
Ceux qui plaident ainsi doivent bien à bon droit
Apprendre à leurs dépens une telle menée.

2e Heure
Je ne sais qui vous fait poursuivre cette instance,
Où vous n'avez nul droit, comme vous prétendez.
Je ne sais pas comment ce fait vous entendez,
Mais je sais bien qu'à la fin vous y perdrez la dépense.

3e Heure
Il ne faut point douter du droit que vous avez :
Au premier plaidoyer où s'en fera l'instance
Il est tout assuré qu'aurez une sentence
Toute à votre profit ainsi que vous l'espérez.

4e Heure
Vous connaitrez combien bon droit a besoin d'aide,
Car vous pensez l'avoir, néanmoins vous perdrez
La cause en principal et tout ce que vous y mettrez,
Et à tout cela je n'y vois nul remède.

5e Heure
Les Grands auront égard de votre pauvreté,
Et à votre profit donneront la sentence,
Si bien que serez un jour en jouissance
Du bien que par procès on vous avait ôté.

6e Heure
Vous ne gagnerez point en ce temps votre cause,
Vos parties plus que vous des amis ;
N'alléguez votre droit, car il leur est permis
D'en user en ce fait comme en toute autre chose.

7e Heure
Cette fois-ci n'est pas la bonne, mais ne baissez pas les bras.

Le prochain cycle lunaire sera plus favorable,
Si au début de celui-ci vous priez avec humilité.
Le bien vous reviendra, mais sans facilité.

8e Heure
Vous allez avoir gain de cause, finalement mais pas rapidement.
La victoire est votre et vous pouvez espérer vraiment.
Mais méfiez-vous de cette personne rencontrée il y a deux jours.
Observez là et soyez certain de ses intentions.

Oracle du Nord

1er Heure
Telle que vous l'attendez et que vous la désirez,
Elle réussira et ce dans peu de jours.
Ayez donc bon courage et priez Dieu toujours :
S'il veut bien vous aider, personne ne peut vous nuire.

2e Heure
Elle réussira tellement,
Et craignez que peu vous en soit agréable l'issue,
Car l'affaire n'est pas comme vous l'avez conçue :
Sa fin vous la fera connaitre clairement.

3e Heure
Si heureuse et pleine de bonheur qu'elle sera la gloire
De ce que vous avez d'un tel fait prétendu ;
Son issue confirmera que vous sera rendu
L'honneur dont ils voulaient éteindre la mémoire.

4e Heure
L'issue en est douteuse et de longue espérance,
Et craignez qu'elle vous soit à mécontentement ;
Mais il vous faut résoudre à tout évènement,
C'est pour les accidents la plus belle science.

5e Heure
Vous ne pouvez douter de son heureuse issue,
Puis qu'elle est entre mains de tant de gens d'honneur
Qui aiment la justice et veulent le bonheur
Et dont l'âme est toujours de l'innocence émue.

6e Heure
Quoi que vos ennemis s'efforcent par malice
D'induire la Justice à vous donner le tort,
Si vous fera-t-on droit et malgré leur effort,

L'issue en sera douce et bonne la Justice.

7e Heure
Sans nul doute, le succès sera votre,
Mais pas sous la forme où vous l'attendiez.
Dès demain les personnes rencontrées vous aideront dans cet effort.
Alors cette affaire aboutira pour le meilleur.

8e Heure
Tout cela a mal débuté, car vous avez oublié une chose.
Il est encore temps de rectifier cet oubli pour réussir.
Contactez ceux qui s'occupent de votre affaire
Et demandez-leur ce qui a été oublié.

Oracle de l'Est

1er Heure
Vous serez délaissé de tous ceux qui se disent
Vos amis et serez longuement en prison ;
Des juges ignorants en seront la raison,
Car ils ne comprennent même pas ce qu'ils lisent.

2e Heure
Vos juges sont savants et votre affaire est claire.
Bientôt vous sortirez des ennuis,
Et bien que ce ne soit pas encore fini,
Dans ce mois finira votre affaire.

3e Heure
Son affaire est douteuse et ceux pleins de malice
Qui ont la cause en main, hélas ! Il souffrira,
Et par trop longuement en prison il sera,
Car il lui sera fait contre toute justice.

4e Heure
Ce n'est pas la coutume par ici
De punir les méchants, ni d'en faire justice ;
Ici on fait trophée et gloire du vice ;
Bientôt il sera libre, il faut le croire ainsi.

5e Heure
Si vous pouviez mourir, votre prison serait courte ;
Mais, ne pouvant cela, ils vous tiendront en langueur,
Tant ces hommes sans foi sont remplis de rigueur,
Et le tout pour vous faire aller selon leur route.

6e Heure
Employez vos amis et déliez votre bourse,
Vous romprez prestement vos fers et la prison :
C'est ce qui en ce lieu met les gens à raison ;
Sinon ils vous feront faire une longue course.

7e Heure
N'oubliez pas de sacrifier aux Dieux si vous voulez changer votre destin.
Il est encore temps pour vous de choisir votre offrande.
Sans cette démarche et cette attitude,
Votre cas est voué à l'échec. Agissez donc dès à présent.

8e Heure
Oui, celle que vous allez rencontrer dans les prochains jours
Va vous aider à résoudre cette situation compliquée.
Ainsi votre victoire sera assurée
Et de votre vie vous pourrez enfin normalement reprendre le cours.

Oracle du sud

1er Heure
Oui, car injustement on vous a voulu frauder
De ce que votre valeur et votre brave courage
Pour vous ont acquis ; mais le temps vous en donnera davantage,
Que vous saurez plus cher que cette autre garder.

2e Heure
Vous y retournerez, cela je vous assure,
Et malgré tout l'effort qu'on fera contre vous ;
Votre partie est faible et a le cœur trop mou,
Pour souffrir qu'on vous fasse une si grande injure.

3e Heure
C'en est fait cette fois, votre attente est perdue
D'espérer avoir un peu de votre splendeur passée.
Passez vous de cela qui vous en est resté,
Sans attendre jamais qu'elle vous soit rendue.

4e Heure
La force ne peut rien sur un fait équitable.
Ne craignez rien, vous serez en votre honneur remis,
Malgré tout le pouvoir de vos fiers ennemis,
Qui resteront du monde et des hommes la fable.

5e Heure
L'équité vit toujours là où règne la justice.
Ici l'on vous a fait tort, ailleurs on le verra ;
Là vous serez remis et s'en repentira
Le Juge et ses consorts qui vous ont fait injustice.

6e Heure
Ils ont tellement fait embrouiller cette affaire
Qu'ils ont tout renversé,
Et vous ne serez jamais de ce coup redressé,
Car le temps vous faudra qui vous est nécessaire.

7e Heure
N'ayez crainte de perdre ce que vous ne pouvez gagner.
Le juge qui s'occupe de votre affaire fait son travail.
La justice va s'exprimer d'une façon raisonnable.
Ne craignez donc pas la conséquence naturelle de cette situation.

8e Heure
Demain débute une nouvelle période dans cette affaire.
L'issue n'est pas certaine et dépend encore de votre action.
Réfléchissez à ce que vous avez oublié au sujet de ce cas.
Il est encore temps d'agir pour votre succès.

8E TEMPLE DU CIEL

Chapelle de Stoknene

Oracle de l'Ouest

1er Heure
Jamais le vieux Nestor ne vécut si bel âge
Comme l'on vous verra si vous vous savez garder ;
Il ne faut pour cela par trop vous mignarder :
Vivez ainsi que doit vivre un homme de courage.

2e Heure
Prenez garde à votre affaire et ne laissez en arrière
Vos états embrouillés, de peur d'un changement ;
La mort ne vous promet une longue carrière,
Ainsi, comme je crois, vous mourrez subitement.

3e Heure
Vous ne mourrez jamais au lit subitement,
Mais serez, avant de mourir, bien malade.

Faites donc en sorte que vous soyez en soigneuse garde,
Car vous mourrez après le dernier sacrement.

4e Heure
D'une mort si soudaine on vous verra mourir
On vous verra mort avant d'être malade ;
C'est ce que vous promet I'astre qui vous regarde,
Et sans aucun moyen de vous voir secourir.

5e Heure
La vieille Cumena ne vécut jamais tant
Ni si heureusement que l'on vous verra vivre,
Si vous savez votre bonheur et votre fortune suivre ;
Un seul accident peut vous rendre mécontent.

6e Heure
Vous devez mourir subitement,
Puisque vous devez mourir à la guerre ;
De cela ne vous fâchez guère,
Car il sera certainement.

7e Heure
De belle mort vous disparaitrez.
Dans votre sommeil et comme un rêve,
Les anges s'inclineront sur vous pour vous emporter
Comme un souffle vers la demeure d'en haut.

8e Heure
Sans douleur aucune la fin viendra à vous.
Que dire de plus si ce n'est que l'heure n'est pas venue.
De belles années encore vous restent à vivre ;
Pour voir fleurir votre famille autour de vous.

Oracle du Nord

1er Heure
Par le cours de nature il faut que ce soit vous
Qui aille préparer la place pour votre femme ;
Cependant elle aura souci de votre pauvre âme
Et au paradis la tirera près de soi.

2e Heure
Vous porterez le deuil, pour ce coup, de votre femme ;
Mais une autre à la fin de vous le portera,
Qui d'amour, de tristesse et de regret mourra,
Car un corps ne peut vivre ayant perdu son âme.

3e Heure
Vous mourrez le premier, bien que vous soyez le plus jeune,
Car vous ne vous savez pas en santé vous garder :
Aussi ne saurez-vous bien longtemps posséder
La vie de ce monde en si bonne fortune.

4e Heure
La mort, qui doit venir à votre fidèle épouse,
Vous fera de l'ennui jusqu'à souffrir la mort,
Car vous vous accuserez et votre malheureux sort,
Pour l'avoir par vos faits, rendue un peu jalouse.

5e Heure
Un fâcheux accident vous privera de vie ;
Ainsi vous quitterez de ce monde le cours
Pour en laisser jouir vos fidèles amours,
Qui n'auront néanmoins de vous suivre aucune envie.

6e Heure
Tous deux vous ne serez d'accord pour ce voyage ;
Mais le plus fort enfin sur le faible gagnera ;
La femme cèdera, car l'homme demeurera
Pour satisfaire au monde à un pèlerinage.

7e Heure
Ni l'un, ni l'autre ne partira le premier.
Il est des cas dans lesquels un couple reste uni,
Dans le bonheur et dans la disparition.
Ainsi viendra l'heure si rien n'est changé dans son cours.

8e Heure
La disparition n'est pas toujours celle imaginée.
Oui votre conjoint disparaitra avant,
Mais non pas d'une façon attendue auparavant.
Disparaître n'est pas toujours définitif.

Oracle de l'Est

1er Heure
Jusqu'à l'âge d'environ soixante et trois
Vous vivrez content sans nulle maladie,
Si ce n'est celle que l'on mendie :
Car durant ce temps-là vous l'aurez eue trois fois.

2e Heure
Si vous passez trente ans, vous vivrez longtemps

Et ferez une vie au monde bienheureuse ;
Mais ne la faites pas par trop délicieuse,
Ou vous raccourcirez de la moitié vos ans.

3e Heure
Oui, vous vivrez longtemps, comme vous êtes composé :
Vous avez le sang-froid, vous n'êtes point colère,
Vous avez l'œil bénin, vous n'êtes point sévère,
En toutes actions vous êtes reposé.

4e Heure
Évitez le hasard qui vous menace fort ;
Mourez dans votre lit : votre vie est heureuse,
D'une longue durée et fort délicieuse ;
Mais j'ai peur que vous soyez prévenu par la mort.

5e Heure
Je n'ose vous le dire et si je pouvais,
Je passerais ce mot sous silence ;
Mais la Parque a sur vous tant et tant de puissance
Qu'il faut que je prononce en trente ans votre arrêt.

6e Heure
Amour consommera le plus beau de vos ans,
Il sera le fléau de votre douce vie,
Car jusque tard vous demeurerez en vie,
Mais serez par Amour dénué de moyens.

7e Heure
Il est certain qu'une longue vie vous attend.
Préparez-vous pour cela en prenant soin de votre corps et de vos finances
Ne négligez pas la vie de l'âme.
C'est sur elle que reposent beaucoup de choses.

8e Heure
N'ayez crainte des maladies possibles.
Elles ne pourront mettre en cause votre vie,
Qui se poursuivra comme prévue par votre destin.
C'est ainsi que vous devez vivre.

Oracle du Sud

1er Heure
Vivez bien et même mieux que bien
Soyez heureux tant que possible

Sans pour autant délaisser
Les devoirs à remplir pour votre fin.

2e Heure
Mettez votre vie en ordre
Comme votre logement
N'attendez pas encore
Ceci doit être fait maintenant.

3e Heure
Votre famille est à l'abri autant que possible
Préparez maintenant votre bagage
Dans votre âme et votre cœur
Car ce sera un grand voyage.

4e Heure
La terre semble immobile à celui qui la foule.
L'arbre ne vous paraît pas très libre ;
Mais toute la nature est cependant vivante et consciente.
Soyez en harmonie en vivant ici et maintenant.

5e Heure
Imaginez votre paradis personnel
Révisez vos recherches et vos attentes
Soyez en paix avec les autres et vous-même
Pour partir serein et trouver votre route.

6e Heure
Vous avez bien encore le temps
Avant de faire le grand saut
Pensez-y bien cependant
Pour être prêt il n'est jamais trop tôt.

7e Heure
Profitez des jours qui se présentent devant vous
Pesez vos décisions présentes et passées
Rectifiez si besoin ce que vous pouvez
Le dernier moment n'en sera que plus doux.

8e Heure
Oubliez vos biens et soucis
Portez vos pensées sur votre vie
Qui se doit être plus spirituelle sans doute
Afin de bien vous préparer à cette mystérieuse route.

Chapelle de Sesme

Oracle de l'Ouest

1er Heure
Si l'on ne vous fait du tort, votre succession est bonne,
Et vous aurez de quoi vivre assez heureusement.
Mais il est à craindre que celui qui l'a en main
En fasse son profit avant qu'il vous la donne.

2e Heure
Ceux de qui vous êtes fille et de qui vous dépendez,
Vous laisseront bien peu, pour leur grande dépense,
Car ils ont bien plus d'eux que de vous le souci,
Et vous n'aurez pas tout ce à quoi vous prétendez.

3e Heure
Outre ce que vous attendez de votre légitime,
Il vous arrivera une autre succession,
De quoi vous vous verrez bientôt en possession
Heureuse jouissante, ainsi que je l'estime.

4e Heure
Vous aurez votre droit aux biens de père et mère,
Qui sera bien petit, ainsi que vous le savez.
Mais si, comme ils ont fait, sagement vous le gardez,
Vous en aurez assez pour faire bonne chère.

5e Heure
Votre succession sera d'une grande richesse,
Et par cela fera une bonne maison.
Mais il faut savoir la ménager en saison,
Pour en jouir du fruit au temps de la vieillesse.

6e Heure
Pauvre petite, hélas ! Il faut que votre sagesse,
Votre vertu, votre honneur et votre discrétion
Vous acquerrez pour ce coup une autre succession,
Car la vôtre sera de petite richesse.

7e Heure
Prenez soin de votre héritage dès aujourd'hui.
Plus vous attendrez, plus il disparaîtra et retournera au néant.
C'est maintenant le moment de s'en occuper,
Avant qu'il ne soit trop tard.

8e Heure
Prenez garde à ceux qui souhaitent vous le voler.
Mettez en place ce qui est nécessaire pour le protéger.
Ainsi vous pourrez profiter de ce qui vous revient,
Et le destin sera orienté dans la bonne direction.

Oracle du Nord

1er Heure
Dans peu la succession que vous attendez viendra,
Mais elle vous sera par les vôtres disputée,
Et ce pour la raison du vœu prononcé ;
Mais suivez ce que votre frère en ce fait là voudra.

2e Heure
Il vous doit arriver un fort bon héritage,
Et ce d'un riche lieu d'où point vous ne l'attendez ;
Il vous succèdera dans un bien peu de temps,
Et il ne sera point du droit de parentage.

3e Heure
Vous as eu tout ce que vous devez avoir,
Vous jouissez de vos biens et de votre héritage,
Vous n'avez plus à faire avec quiconque partage,
A nulle succession vous n'aurez plus à voir.

4e Heure
Si l'enfant doit de père et de mère hériter,
Il ne faut point douter que cela ne vous advienne ;
Il faut que de leur bien la succession vous vienne,
Personne ne peut, contre vous, la disputer.

5e Heure
Vous serez opulent et couvert de richesse,
Car de tous les côtés les biens vous arriveront ;
Et d'où vous en attendez ils vous succèderont,
Autant de votre côté comme de votre maîtresse.

6e Heure
Votre succession viendra, mais votre mauvais ménage
Vous empêchera d'avoir ce qui vous en revient ;
Chacun de vos débiteurs une partie en tient,
Et je crois qu'ils en feront sans vous le partage.

7e Heure
Oui et cela se passera plus rapidement que vous ne le pensez.

N'oubliez pas de rendre visite à votre famille.
C'est ainsi que les choses se passent,
Au moment où on les attend le moins.

8e Heure
Abandonnez cette idée et vous vivrez mieux.
Il ne sert à rien pour vous de vous tourner vers le passé.
Avancez vers votre futur avec courage.
Alors seulement les Déesses du destin se pencheront sur vous.

Oracle de l'Est

1er Heure
Comme vous savez le faire, patientez sagement
Jusqu'au jour de la lecture du testament.
Votre parent c'est certain ne vous a pas oublié
Et de lui un cadeau vous recevrez.

2e Heure
Soyez droit et confiant avec ce parent
Il veille sur vous depuis que vous êtes enfant
Il possède peu mais il vous laissera
Ce qu'il veut et tout ce qu'il a.

3e Heure
N'espérez pas recevoir un quelconque bien
Ni même le moindre petit cadeau
Car lourde était votre absence ;
Elle a beaucoup pesé dans la balance.

4e Heure
Soyez vous-mêmes, il en est temps.
De trop vous projeter et anticiper,
Vous en oubliez qui vous êtes et où vous vivez.
Vivez l'instant avec plaisir. C'est important.

5e Heure
Méditez dans le lieu que vous préférez.
La mort attend son heure
Nous sommes tous concernés
Un héritage a alors peu de valeur.

6e Heure
Cette parenté ne vous a pas oublié
A vous elle a pensé longtemps
Pour mettre dans son testament

Ce qu'elle souhaitait vous laisser.

7e Heure
Vous voulez hériter de tout
Votre appétit est sans limite ;
Ne pensez pas seulement à vous
Laissez aux autres quelques biens.

8e Heure
Il est certain qu'hériter de quelques biens
Dans votre cas, serait une bonne chose.
Méditez quelques temps sur votre vie
Et priez afin de pouvoir hériter.

Oracle du Sud

1er Heure
Vos sœurs et frères vous soutiendront
Comme vous ils auront de la peine
Et ne penseront qu'à se consoler avec vous
En famille vous resterez unis.

2e Heure
L'appétit du bien soudain se montrera
Même pour peu de choses
Et votre famille à vous s'opposera.
Ne vous inquiétez pas ; votre héritage sera grandiose.

3e Heure
Votre parent vous laissera en biens
Autant à vos sœurs et frères qu'à vous
A condition de continuer
A vous entendre comme vous devez.

4e Heure
Ils ne sont pas tous les mêmes.
Vous serez surpris des réactions et pensées.
On ne connaît jamais les personnes aimées,
Que face au deuil de ce que l'on aime.

5e Heure
Quelques biens et beaucoup de souvenirs
En héritage vous recevrez.
Votre famille telle qu'elle est
Ne peut pas faire plus pour votre avenir.

6e Heure
Ne tentez pas de spéculer
Vos parents sous manqueront
Plus que toute autre chose
Que les autres prendront.

7e Heure
Cherchez le moment le plus heureux
Que vous ayez eu dans votre vie
Maintenant que vous êtes sans parent
Et que vous êtes si malheureux.

8e Heure
Vos sœurs et vos frères seront
Un soutien pour vous sans nul doute
Ils penseront à leur parent
Et au vide laissé, malgré l'argent.

Chapelle de Sisieme

Oracle de l'Ouest

1er Heure
Si vous n'y prenez garde, ils vous arriveront ;
Voyez donc d'y pourvoir par le meilleur remède :
C'est qu'il vous faut avoir un engin fort et raide
Par l'alambic duquel ils s'évaporeront.

2e Heure
Tant que cette humeur froide en vos veines sera,
Que vous dédaignerez le feu qui vous enflamme,
Cette maladie n'offensera pas votre âme ;
Car le désir, sa source en vous, se tarira.

3e Heure
Si l'on vous fait attendre un peu davantage
De goûter du doux fruit dont l'amour se repait,
Au conseil des désirs est donné cet arrêt
Que les couleurs reviennent à votre visage.

4e Heure
Vous y donnerez ordre et même avant le temps
Que cette humeur vous apporte nuisance ;
Car vous corrigerez celle qui vous offense
Par le plaisir qu'on nomme amoureux passe-temps.

5e Heure
Votre obstiné courage, au printemps de votre âge,
Convertira ce teint vermeil comme une rose
En un teint triste et pâle ; mais vous dire je n'ose
Qu'il sera ainsi le reste de votre temps.

6e Heure
Vous ne les aurez pas, car elles seront prévenues
Par un gentil amant qui loin les chassera :
N'en rougissez donc pas, car cela se fera
Alors qu'entre ses bras vous serez toute nue.

7e Heure
Pourquoi confondez-vous encore l'amour et le désir ?
A ce moment de votre vie vous devez choisir.
L'amour ne restera pas dans votre vie à loisir,
Si dans les semaines à venir vous ne réfrénez pas votre désir.

8e Heure
Votre désir est juste, mais prenez garde.
Si vous ne le soumettez pas à la puissance de l'amour.
Alors les deux vous perdrez à votre tour.
Abandonnez votre égoïsme car on aime vraiment que lorsqu'on est deux.

Oracle du Nord

1er Heure
Votre union est durable
Ses fondations sont stables,
Ne vous tourmentez pas.
Soyez tel que vous étiez jusque-là.

2e Heure
Consultez votre cœur et voyez son regard
Rien ne trouble votre relation
Si vous garder bien le cap
Il n'y aura pas de nuage à l'horizon.

3e Heure
Rien n'est jamais tout à fait acquis
Méfiez-vous des eaux trop calmes
Entretenez bien le feu de votre âme
Ceci est un conseil d'ami.

4e Heure
Il vous faut écouter maintenant.
Trop longtemps vos lèvres ont parlé
Et votre cœur espéré.
La vérité est dans le silence bienveillant.

5e Heure
Votre attitude est la bonne
Vous n'avez rien à craindre
Les lendemains seront pour vous deux
Des jours longs et heureux.

6e Heure
Il vous suffit de prendre un peu de recul :
Estimez alors comment vous êtes vraiment
Soyez honnête et sans complaisance
Vous comprendrez alors ce qu'il vous faut changer.

7e Heure
Les relations sont souvent fragiles
Elles méritent une constante attention
Soyez donc très attentif
Afin de conserver votre relation.

8e Heure
Votre relation est commune
A beaucoup d'autres autour de vous :
Vivante mais si tranquille.
Un peu plus d'imprévu serait un bel atout.

Oracle de l'Est

1er Heure
Vous devez plus souvent prendre l'initiative :
Soyez plus confiant et plus encore : osez
Rompre le morne quotidien
Et ajouter du piquant à votre relation.

2e Heure
La passion ne dure pas
Mais le désir s'entretient ;
Il évolue et ne meurt pas
Si vous en prenez bien soin.

3e Heure
Ecoutez régulièrement votre cœur

Et prenez soin de vous et de votre couple.
Soyez un franc et doux séducteur
Ces rares moments sont du pur bonheur.

4e Heure
Qu'est-ce que le désir sans le vouloir ?
Cherchez au-delà de l'apparence.
C'est dans l'esprit et le souffle qu'il naît.
Fermez les yeux et écoutez le corps.

5e Heure
Pensez à lui offrir une belle surprise
Voir son plaisir vous ravira.
Et son désir allumera le votre
Surtout n'en doutez pas !

6e Heure
Il suffit parfois de petits riens
Un geste, un mot tendre
Une caresse sur la main
Pour entretenir le désir.

7e Heure
Organisez un moment
Uniquement pour vous
Faites ce que bon vous semble
Vous aurez alors un nouveau regard.

8e Heure
Laissez-vous donc tenté
Oubliez les soucis de la journée
L'imprévu est de votre côté
Rien n'est plus simple que d'y succomber.

Oracle du Sud

1er Heure
Vous devez parler en toute confiance et sincérité.
Une voix intérieure veut se faire entendre
Et vous ne lui laissez pas encore la place.
C'est le moment d'agir et de laisser éclore la vérité.

2e Heure
Avez-vous peur de la voix des dieux ?
Avez-vous peur de votre propre voix ?
Les êtres cachés s'expriment par des chemins surprenants.

Laissez-vous aider et surprendre.

3e Heure
Avant que deux lunes ne soient passées,
Vous aurez reçu l'indication souhaitée.
Vous n'aurez alors plus de doutes sur votre question,
Et la réponse vous surprendra.

4e Heure
Vous devez apaiser les voies intérieures.
Vous parlez trop lorsque vos lèvres se taisent.
Écouter la simple voix de l'esprit.
Elle vous a répondu. N'hésitez plus.

5e Heure
L'orgueil caché est toujours là.
Vous pouvez relâcher vos bras, abandonner vos défenses.
Vous n'avez pas l'obligation de lutter seul.
Allez maintenant et acceptez l'aide proposée.

6e Heure
La vérité n'est pas dans un seul individu.
Et un psychologue n'est pas l'autre du couple.
Vous devrez en rencontrer plusieurs auparavant.
Mais avant le jour de votre naissance vous aurez trouvé.

7e Heure
Attendez encore quelques semaines.
Une rencontre inattendue vous éclairera bientôt.
La réponse sera alors claire et immédiate.
Soyez attentif à ce signe car il vous faut absolument le saisir.

8e Heure
Il est naturel que vous doutiez.
Avant que le soleil soit entré dans la balance,
Un nom vous sera donné par un ami.
Il vous faudra alors agir sans tarder.

9^E TEMPLE DU CIEL

Chapelle de Reouo

Oracle de l'Ouest

1er Heure
Si c'est par désespoir que vous voulez vous en aller,
N'entreprenez pas cette année de faire votre voyage ;
Attendez encore un an et vous ferez comme un sage,
Sinon de votre fortune on entendra parler.

2e Heure
Le temps vous sera bon et la fortune prospère,
Voyagez hardiment où vous en avez le dessein :
Tout vous réussira, pareillement à la fin ;
Mais prenez pour voyager ce qui vous est nécessaire.

3e Heure
Contentez votre esprit de ce que vous as vu,
Retirez-vous chez vous pour faire votre ménage,
Car ce n'est plus à vous à faire long voyage :
L'homme est heureux qui peut se contenter de peu.

4e Heure
Votre pays ne saurait vous élever en grandeur ;
Il faut que vous essayiez une étrangère terre,
C'est là que vous pourrez avoir beaucoup d'honneur.
Voyagez hardiment, vous y aurez du bonheur.

5e Heure
Fuyez l'incommodité qu'on reçoit en voyage,
Car, outre tout cela, vous ne pouvez être heureux ;
Laissez telle entreprise à quelque curieux :
Il vaut mieux vous arrêter à faire votre ménage.

6e Heure
Allez où il vous plaira, toujours vous aurez pour guide
Un astre favorable au ciel pour votre secours,
Qui vous fera passer heureusement vos jours ;
Mais ne vous approchez pas d'Aulide ni d'Abide.

7e Heure
Vérifiez si vous avez ce qui est requis et partez sans attendre.
Le temps s'écoule et les opportunités ne se présentent pas souvent.
Préparez-vous car voici venu le moment

Auquel vous rêvez depuis longtemps. De quiconque n'attendez pas d'ordre.

8e Heure
Pourquoi hésiter puisqu'au fond de vous vous êtes décidé ?
Le destin vous a fait signe et vous pouvez y répondre.
Vous aurez de nombreuses expériences enrichissantes,
Mais si vous ne pouvez partir dans le mois, attendez un nouveau signe.

Oracle du Nord

1er Heure
Le temps et la saison sont propres à l'armement,
Et vous devez employer à cela votre envie ;
Armez, si vous me croyez : votre fortune est suivie
En ce fait de tout point d'heureux contentement.

2e Heure
Pourquoi voulez-vous vous préparer à repartir encore
La Fortune un coup vous rendra-t-elle plus heureux ?
Non, gardez votre argent et soyez moins désireux,
Ou bien votre déplacement vous mènera vers la Mort.

3e Heure
Armez, si vous le pouvez quelque bon bateau ;
Vous avez du naturel à faire le corsaire ;
Vous le devez entreprendre et laisser toute affaire :
C'est l'heure qu'a prédit Thetis dès le berceau.

4e Heure
Non, non, n'exposez point vos biens sur la mer,
Elle est aux marins, trop souvent infidèle ;
Il faut tenir pour perdu ce qu'on confie en elle :
Vous ne devez pour cette fois aucunement aller.

5e Heure
Utilisez votre crédit et de tous vos amis,
Leurs moyens et les vôtres, pour partir ;
Faites pour ce départ tout ce qui vous est permis :
A qui est décidé personne ne peut nuire.

6e Heure
Partir je ne vous puis permettre,
Puisque vous voulez demander mon avis ;
Croyez-moi, n'allez point si ce n'est par devoir,

Car vous perdrez cela que vous y voulez mettre.

7e Heure
Oui, le moment est venu et ne faites pas attendre.
Tout est prêt et vous hésitez ?
Il n'y a pas lieu d'ajouter de nouveau un délai.
Vous savez que l'heure est venue.

8e Heure
Pour agir, attendez un signe certain.
Dans cinq semaines et quelques jours,
Le destin vous montrera ce qu'il attend.
Nul doute que vous serez alors éclairé enfin.

Oracle de l'Est

1er Heure
Les déesses vous ont comblé de bien des dons.
Et Lachésis la mystérieuse tisse d'étrange façon.
Ne cherchez pas par la ruse à lui échapper.
Si vous suivez ses fils tout ira bien.

2e Heure
Nul ne sait ce que l'on peut apprendre du monde.
Vous pouvez voyager en confiance car vos pas seront sûrs.
Une rencontre dans votre voyage sera très importante
Et vous marquera pour très longtemps.

3e Heure
Ce voyage est placé sous de bons auspices.
Malgré un léger désagrément qui restera passager,
Si vous savez profiter de la richesse des instants
Votre séjour contiendra de bonnes surprises.

4e Heure
Vous aimez connaître la culture et les gens.
Les traditions seront riches et captivantes,
Mais sachez être prudent dans votre nourriture.
Ainsi tout se passera bien.

5e Heure
Que de merveilles seront à vous révélées.
Un voyage est riche d'imprévus.
Des conversations inattendues vous apporteront bien des surprises.
C'est ainsi que le destin s'accomplit.

6e Heure
Cette fois, changez vos habitudes.
Il est bon d'être prévoyant et de prendre une assurance.
Les astres peuvent changer un peu vite
Et vous ne voulez pas être pris au dépourvu.

7e Heure
Souvenez-vous la date du jour de votre naissance.
Ce jour-là soyez plus prudent qu'à l'habitude.
Ainsi vous ne serez pas pris à l'improviste.
Tout de votre voyage ira ensuite pour le mieux.

8e Heure
Vérifiez les dates que vous avez prévues.
Il vaut parfois mieux modifier des plans établis
Plutôt que de forcer les choses et être déçu.
N'hésitez pas à changer les choses pour que tout aille mieux.

Oracle du Sud

1er Heure
Du haut des cimes resplendit une étrange lumière.
Vous n'avez pas encore pris suffisamment de temps.
L'attente est parfois longue avant que descende la lumière.
Sous peu vous aurez un signe, clair et sans équivoque.

2e Heure
Comme les sages Pythagore et Platon le firent,
Partez sans crainte de la durée qui s'écoule.
En ce moment, c'est en voyageant que vous pourrez apprendre.
Rien n'arrive à ceux qui immobiles attendent le lendemain.

3e Heure
Serez-vous vraiment seule pour ces voyages ?
Vous ne le savez pas encore, mais un changement est proche.
Patientez quelques lunes et parvenu dans le prochain signe de feu,
Une surprise fera que vous ne serez plus seule pour cela.

4e Heure
Même sans voyage vous êtes souvent seule.
Que vous importe de voyager tel que vous vivez ?
C'est en partant que les surprises arrivent de façon inattendue.
Partez et ce prochain voyage vous surprendra par ceux que vous rencontrerez.

5e Heure
Vous vouliez partir depuis assez longtemps.
Attendez encore car les signes ne sont pas favorables.
Votre prochain anniversaire changera les choses.
Vous ne serez rapidement plus seul pour voyager.

6e Heure
Il n'est pas temps maintenant d'allonger vos voyages.
Les courants ramènent votre navire au port.
Ne vous opposez par à ce flux puissant et caché.
Pour cette fois raccourcissez votre voyage.

7e Heure
La solitude est forte pour celui qui attend.
Le silence et l'immobilité sont au seuil de la mort.
Tout est différent lorsque on vit intensément.
N'attendez pas. Croquez dans la vie et vous ne serez pas seul.

8e Heure
Sans nul doute, l'inconnu effraie et déroute.
Mais votre désir est plus grand que votre doute.
N'attendez pas quelqu'un pour choisir et agir.
C'est ainsi que vous reviendrez bien différent et changé.

Chapelle de Sesme

Oracle de l'Ouest

1er Heure
Votre foi est puissante et noble. C'est une grande chose.
Les puissances divines bénissent votre attitude.
Mais elles réclament aujourd'hui quelque chose de différent.
Pendant quatre lunes, vous pratiquerez individuellement.

2e Heure
La pratique est importante et louable.
Rien de sérieux n'existe sans cette attitude.
N'oubliez pas que nous avons un corps, une âme et un esprit.
Il vous faut maintenant apprendre des cours pour mieux comprendre.

3e Heure
Ce que vous pratiquez et approfondissez est juste.
Votre objectif est louable et vous apporte beaucoup.
Vous devez cependant acquérir plus de connaissances.
Pour cela changez vos lectures et lisez des auteurs athées.

4e Heure
Vous avez pratiqué avec constance.
C'est maintenant le moment de changer votre approche.
Rejoignez un groupe ou une communauté.
Vous pouvez aussi en joindre une différente pour quelques temps.

5e Heure
Votre objectif doit être d'en retirer le plus de bénéfice.
Pour aller plus loin, il vous faut suivre un processus spécial.
Pratiquez régulièrement pendant quatre lunes.
Ne pratiquez rien pendant les quatre lunes suivantes.

6e Heure
Votre constance est à féliciter car ce n'est pas toujours facile.
Cette période est maintenant différente.
Cessez toute pratique jusqu'à votre anniversaire.
Reprenez alors ce qui vous est familier et profitable.

7e Heure
Cette période de l'année est très spéciale pour vous.
Vous l'avez d'ailleurs bien perçu.
Ne soyez pas superficiel, ce n'est pas le moment.
Continuez vos efforts avec plus d'application.

8e Heure
Vous avez consacré du temps et des efforts à tout cela.
Par la pratique et votre étude vous avez pu progresser.
Une chose doit pourtant être modifiée dès maintenant.
Lisez vos textes pour trouver ce qui universel et commun à l'humanité.

Oracle du Nord

1er Heure
Vous avez bien perçu cette voix intérieure.
Ce que vous avez vécu est juste,
Mais il est aujourd'hui temps d'acquérir une autre vue.
Ne quittez toutefois pas ce que vous faites.

2e Heure
Vous avez déjà ressenti plusieurs fois ce désir.
Vous ne lui avez pas donné suite et ce fut un tort.
Les signes sont favorables et c'est le moment.
Faites une autre expérience, mais limitez-la dans le temps

3e Heure

Laissez de côté ces pensées pour l'instant.
Approfondissez votre foi et dégagez les valeurs communes.
Toutes les spiritualités sont les mêmes si elles cherchent le bien.
Pour trouver le bonheur, c'est ce qui doit être atteint.

4e Heure

Avec votre premier souffle l'esprit s'est uni au corps.
Progressivement votre âme a voulu emprunter le chemin du retour.
Œuvrant avec constance vous avez prié et médité.
Hélas votre corps a été oublié. Unissez-le à votre pratique.

5e Heure

Il vous est difficile de vivre sans conviction.
C'est une force, mais également une épreuve.
Que votre foi ne devienne pas intolérance ou division.
Observez d'autres croyances et voyez l'effort commun.

6e Heure

Il est bon de s'élever ainsi vers le divin.
Venant du passé et tourné vers le futur,
Vous ne cessez d'avancer avec foi.
Apprenez cependant à mieux vivre l'instant.

7e Heure

Le confort spirituel n'est pas toujours la meilleure solution.
Apprenez le secret caché de votre évolution.
Il faut explorer les autres façons de vivre et penser.
C'est ainsi que votre âme évitera les illusions.

8e Heure

La pratique et la foi sont des piliers solides.
Jusqu'à aujourd'hui ils vous ont soutenus.
Sachez qu'il existe une autre expression de la pensée.
Découvrez maintenant la philosophique classique.

Oracle de l'Est

1er Heure

Sachez que vous avez toujours la liberté de changer d'idée !
Vous un enfant de la terre et des cieux.
Tournez-vous vers la terre, les forêts et les vents.
Que vos croyances et pratiques soient toujours une source de plaisir.

2e Heure

Sachez que vous avez toujours le choix de changer !

La spiritualité ne se réduit pas aux religions de masse.
Découvrez les philosophes classiques : ils apportent la paix.
Que vos croyances et pratiques soient constantes et plaisantes.

3e Heure
Sachez que vous avez toujours la liberté de changer d'idée !
Nous sommes descendus ici-bas et devons remonter.
Recherchez l'harmonie, l'art et le beau.
Que vos croyances et pratiques soient toujours une source de plaisir.

4e Heure
Sachez que vous avez toujours la liberté de changer d'idée !
Nous débutons souvent par la religion reçue des parents.
Envisagez celle de vos ancêtres familiaux et spirituels.
Que vos croyances et pratiques soient toujours une source de plaisir.

5e Heure
Sachez que vous avez toujours la liberté de changer d'idée !
Vous recherchez le spirituel, le sacré et c'est une grande idée.
Pratiquez d'abord la philanthropie.
Que vos croyances et pratiques soient toujours une source de plaisir.

6e Heure
Sachez que vous avez toujours la liberté de changer d'idée !
Les assemblées de croyants, les groupes d'études sont sans doute utiles.
Aujourd'hui, tournez-vous simplement vers le divin.
Que vos croyances et pratiques soient toujours une source de plaisir.

7e Heure
Sachez que vous avez toujours la liberté de changer d'idée !
L'œuvre de Dieu, la théurgie, est une voie à explorer.
Que le soleil soit l'astre qui vous éclaire sur cette voie.
Que vos croyances et pratiques soient toujours une source de plaisir.

8e Heure
Sachez que vous avez toujours la liberté de changer !
Pour quelques semaines, modifiez vos habitudes.
Que la méditation et la respiration rythment vos journées.
Que vos croyances et pratiques soient toujours une source de plaisir.

Oracle du Sud

1er Heure
L'expérience individuelle est importante pour vous.
Commencez seul à explorer librement ce monde.

Avant que le soleil n'ait parcouru un cycle complet,
Qu'aucune cérémonie ne vous unisse à un groupe nouveau.

2e Heure
Vous avez assez cherché seul.
Pour quelque temps, il faut que vous soyez entouré.
C'est ainsi que vous pourrez apprendre et expérimenter.
Rappelez-vous l'importance et la valeur des aïeuls.

3e Heure
Participez à des groupes cela est permis.
Écoutez les enseignements et priez.
Mais que l'essentiel de ce que vous faites
Demeure une démarche solitaire et secrète.

4e Heure
Le destin existe et les déesses nous guident.
On ne peut en douter lorsqu'on reconnaît les signes.
Vous n'avez guère le choix de l'embrasser.
Aussi ne vous en souciez pas et avancez.

5e Heure
Vous avez trop longtemps hésité.
Le temps est passé et les signes se sont effacés.
Les Dieux se sont écartés, un peu oubliés.
Ressaisissez-vous et suivez des classes.

6e Heure
La pratique spirituelle est importante pour vous.
Cette recherche est bénie des Dieux.
Pour quelques mois maintenant votre pratique doit être l'étude.
C'est ainsi que la fondation sera bâtie.

7e Heure
Votre sentiment est juste et il faut écouter cette voix.
Pour quelques temps faites les choses différemment.
Décidez de vous-même ce qui vous plaît et écoutez vos sens.
En vérité ils vous guideront.

8e Heure
Il est temps de faire quelque chose de difficile.
Ne pratiquez plus, ni en groupe ni individuellement.
Attendez que 2 lunes se soient écoulées.
Profiter de la vie et du monde est aussi un acte sacré.

Chapelle de Komme

Oracle de l'Ouest

1er Heure
C'est trop aimer la chasse ; il vous la faut laisser,
Pour voir comment pourrez pourvoir à votre affaire.
Cela vous est bien plus que chasser nécessaire,
Car votre heure en dépend et non pas de chasser.

2e Heure
Vous y avez toujours pris un plaisir extrême,
Jusque à mépriser tout autre pour cela ;
Poursuivez à l'aimer, car votre cœur est là :
Il se faut contenter, quand on le peut, soi-même.

3e Heure
Que ce soit seulement pour votre nostalgie exercer ;
Aimez les chiens de chasse comme tous les oiseaux,
Les chiens d'arrêt, les barbets pour les eaux :
Cela divertira quelquefois votre tristesse.

4e Heure
Il est bon que vous l'aimiez et que dès cette heure
Vous demeuriez chez vous pour prendre ce plaisir ;
Nous devons en cela faire notre désir :
Rien ne peut être mieux qu'aimer sa demeure.

5e Heure
Si vous aimez la chasse et que vous vous y adonnez,
Vous allez délaisser vos amis pour cela,
Car cette passion vous transportera là :
Laissez donc la chasse et l'abandonnez.

6e Heure
Oui, vous la devez aimer, puisque de fils en père
Héréditairement l'aimer est advenu,
Et puis c'est moyen d'être connu
Et de rendre enfin sa fortune prospère.

7e Heure
Laissez vos armes de côté pour huit semaines,
Ainsi parle votre destin auquel vous ne pouvez échapper.
Durant cette période les armes sont à éviter,
Car les astres vous sont contraires.

8e Heure
Cette passion est bonne, si vous savez la contrôler.
Mais elle doit se limiter, car le plaisir ne découle pas de la quantité.
Jugez par vous-même et regardez autour de vous,
Ce que les autres pensent vraiment de vous.

Oracle du Nord

1er Heure
Vos idées sont plus intéressantes que vous ne pensez !
Le temps est un bien précieux qu'il vous faut utiliser.
N'attendez plus pour agir car beaucoup sont en attente.
Ecrivez et parlez autour de vous.

2e Heure
Vous avez des idées et c'est une belle chose.
Sur beaucoup de questions, vous avez des réponses.
Il vous faut maintenant clarifier vos arguments.
Redéfinissez vos idéaux, ils se doivent d'être plus clairs.

3e Heure
Vous ne pouvez agir et combattre seul.
En cherchant plus, vous serez surpris de ne pas être seul.
Dans la communauté votre voix sans nul doute grandira.
Rejoignez un groupe et engagez-vous !

4e Heure
Que cherchez-vous encore à dire ?
C'est une grande chose de penser et parler.
Aujourd'hui ce n'est plus pour vous suffisant.
Sortez et défendez les pauvres.

5e Heure
Vous avez de beaux et nobles idéaux.
Ils vous sont chers et vous aimez les défendre.
Leur source est un mystère que vous avez négligé.
Cherchez et vous serez surpris de la transformation.

6e Heure
Un idéal n'est que peu de choses s'il reste une idée.
Trouvez comment l'appliquer pour le bien d'autrui.
C'est ainsi que votre vie sera encore plus utile,
Pour votre bonheur et celui des autres.

7e Heure
Vos idéaux ont changé et vous hésitez.

C'est bien naturel car c'est une conversion.
Défendez vos idées et gardez vos idéaux.
C'est dans le spirituel que les exprimer vous devez.

8e Heure
Ne pas agir et combattre est bien difficile.
Lorsque tout tourbillonne autour de nous,
On peut aisément se laisser entraîner et passer les limites.
Ne faites rien pour l'Instant et vivez, tout simplement.

Oracle de l'Est

1er Heure
Vos idéaux manifestent le meilleur de vous-mêmes.
Ce sont eux qui forment ce que vous êtes.
Accrochez-vous à eux comme à votre vie.
Ils sont aussi précieux que l'or pur.

2e Heure
Beaucoup de martyrs ont disparu pour leur intransigeance.
Ne suivez pas leur exemple souvent inutile.
Apprenez de la nature qui vous entoure.
Devant les intempéries, elle ploie, s'adapte et se relève.

3e Heure
La demeure de votre âme est céleste,
Mais elle a su trouver un corps et l'animer.
De même sont vos idéaux dans le royaume de l'esprit.
Sans corps, ils ne sont rien et doivent être appliqués dans votre vie.

4e Heure
Ils sont une partie essentielle de votre être.
Cultivez-les avec amour.
Soyez persistant et constant.
C'est dans la communauté qu'ils seront les plus utiles.

5e Heure
Vous avez raison de les tenir en haute estime.
Il serait toutefois sage de les considérer avec attention.
Vous serez surpris de voir que certains sont intolérants et infondés.
N'hésitez pas alors à les réfréner ou à les supprimer.

6e Heure
Avec irritation vous avez parfois remarqué
Combien sont différents les idéaux de ceux qui vous entourent.
N'hésitez pas à leurs confronter vos idées,

Mais ne laisser par les conflits émerger.

7e Heure
Il est des idéaux trop absolus pour vous.
Ne vous épuiser pas à chercher à les vivre.
Nous ne sommes pas des anges ou des Dieux.
Choisissez des idéaux accessibles qui vous rendent la vie en plus paisible.

8e Heure
Cela fait bien longtemps que vous conservez ces idéaux.
Ils vous viennent d'un monde qui n'est plus.
Il est temps de vous remettre en cause
Et de découvrir ce qui est pour vous maintenant essentiel.

Oracle du Sud

1er Heure
Vous êtes à l'image d'un attelage antique.
Votre esprit est le cocher qui guide ce char
Tiré par les chevaux fougueux.
Conservez ces passions. Elles sont l'énergie qui vous pousse.

2e Heure
Vous avez des passions et c'est une grande chose.
Observez également vos désirs bien sournois.
Sachez que ce sont eux qui parfois vous attristent.
Ne confondez pas passions et désirs. Ils sont bien différents.

3e Heure
Il est si facile pour vous d'être absolu.
Vos passions vous entraînent et vous pouvez le regretter.
Embrassez ces attraits mais gardez-vous des passions absolues.
Ce sont elles qui perturbent votre existence.

4e Heure
Vos passions sont des bien précieux qu'il faut chérir.
Elles sont aussi des animaux parfois turbulents.
Conservez-les mais dirigez-les.
C'est là qu'est le secret d'une vie réussie.

5e Heure
On vous a souvent qualifié de passionné.
Vous êtes cependant trop souvent aveuglé
Oubliant le respect dû à ceux qui vous entourent.
Réfrénez-vous, car les passions ne sont pas des pulsions.

6e Heure
Il est bon pour vous d'avoir ces passions.
Votre désir est louable et sincère.
Suivez maintenant l'objet de vos passions.
Il ne sert à rien de remettre à plus tard.

7e Heure
Imaginez un attelage tiré par quatre chevaux.
Quelle étonnante puissance et vigueur.
Mais que chacun tire de son côté et tout est ruiné.
Prenez garde, vous avez trop de passions différentes.

8e Heure
N'avez-vous pas reconnu la passion qui vous pousse ?
Elle est née d'une rencontre inattendue.
Cette énergie qui vous habite est une occasion de rencontres.
Cultivez ces passions avec application.

10E TEMPLE DU CIEL

Chapelle de Smat

Oracle de l'Ouest

1er Heure
Laissez-là l'étude à qui plus l'aimera,
Et arrêtez cet exercice ;
Employez désormais ce que vous avez d'artifice,
Et votre esprit à quelque chose qui vous profitera.

2e Heure
Si vous étudiez, que ce soit en médecine :
Vous y avez déjà fort bien commencé ;
Continuez-le donc, vous serez l'ornement
De tous vos parents.

3e Heure
Chassez de vous bien loin cette humeur sédentaire,
Cette pitié qui toujours fait cracher,
Et surtout gardez-vous de trop fort attacher
Votre esprit à l'humeur solitaire.

4e Heure
Si vous continuez cette docte science,
Vous en aurez un jour l'honneur et le plaisir,

Et de vos parents comblerez le désir
Qu'ils ont que vous soyez dans les grandes séances.

5e Heure
Vous en savez assez, quittez cette habitude,
Car vous ne voulez pas les écoles tenir,
Et puis vous ne pouvez pas grand docteur devenir :
Vous ne fûtes jamais né pour les longues études.

6e Heure
Pour être grand un jour et de tous bien-aimé,
Continuez l'étude ainsi que vous en avez envie ;
Ce sera l'entretien heureux de votre vie,
Et ce qui vous rendra des hommes estimé.

7e Heure
Sans hésitation continuez ce que vous réussissez
Et votre vie en sera changée pour toujours.
Votre fatigue est réelle, mais vous devez vous obstiner
Car la réussite est au bout.

8e Heure
Après ces quelques échecs,
N'hésitez pas à changer votre objectif.
Vous devez continuer à apprendre, mais il faut vous adapter,
Car c'est maintenant nécessaire.

Oracle du Nord : vais-je réussir ?

1er Heure
Comment espérez-vous le bien d'une poursuite
Que tant de gens d'honneur n'ont jamais pu avoir ?
Croyez-vous la mériter pour votre docte savoir ?
Non, vous ne l'aurez pas, faute d'un grand mérite.

2e Heure
De ce que vous poursuivez vous aurez la jouissance
Et vous réussirez comme vous le prévoyez ;
Ne perdez pour ce sujet aucun moment :
Amour se veut gagner par longue patience.

3e Heure
Votre poursuite est en l'air : un autre la possède,
Et rien de votre dessein ne vous réussira ;
Plus vous la poursuivrez, plus elle manquera :
Un autre de deux mois vous précède.

4e Heure
Courage ! Jusqu'au bout il faut persévérer,
Votre bien doit réussir d'une longue poursuite
Car la persévérance a toujours à sa suite
Mille biens pour celui qui sait la révérer.

5e Heure
Laissez, si vous me croyez, cette longue poursuite :
Ne voyez-vous pas que c'est espérer vainement,
Qu'un autre y a déjà tout le commandement ?
Il faut que la raison vous serve de conduite.

6e Heure
Poursuivez et ne craignez rien, tout vous réussira.
Celle pour qui vous peinez est déjà séduite ;
Vous jouirez de l'heure d'une telle poursuite,
Et rien à l'advenir ne vous y contredira.

7e Heure
Sans nul doute, votre destin est la réussite.
Les signes sont là et ne peuvent mentir.
Les dieux ont parlé. Laissez leur voix retentir,
Car ainsi la lumière se fera ensuite.

8e Heure
Pourquoi doutez-vous encore cette année ?
Votre fatigue est réelle et compréhensible.
Prenez quelques jours de repos et le changement sera visible.
Pour réussir votre énergie sera ainsi renouvelée.

Oracle de l'Est

1er Heure
Soyez curieux d'honneur, sur tout de commander ;
Entreprenez hardiment, tout vous sera prospère :
Un capitaine ainsi doit sa fortune faire.
Le tout à votre souhait vous verra succéder.

2e Heure
Vous n'aurez jamais rien de bien provenant des armes,
Ainsi vous ne serez pas en tout temps malheureux ;
Ne soyez pas désireux de commander,
Il sera mieux pour vous sans ces alarmes.

3e Heure
Vous devez par votre naissance aimer et chérir Mars,

Votre courage vous y porte et l'honneur vous y convie ;
N'aspirez désormais qu'à cette vie :
Vous serez bienheureux parmi les soldats.

4e Heure

Vous aimez les tambours, vous aimez les trompettes,
Vous êtes né fils de Mars aux armes malheureux ;
Ne soyez donc pas, de la guerre, désireux :
Sage est celui qui bat prudemment en retraite.

5e Heure

Ne vous souciez point de vous voir privé
Des biens que la Fortune a oubliés à votre naissance,
Les armes vous en feront gagner en abondance,
Tant que vous n'en manquerez plus de votre vivant.

6e Heure

Ne partez jamais en guerre et ne faites pas le soldat,
Vous n'aurez que des coups pour toute récompense ;
La fortune ne veut pas qu'en cela vous avanciez ;
Si vous faites l'orgueilleux, votre vie est en hasard.

7e Heure

Posez la question à quatre différentes personnes.
La dernière sera celle qui parle pour votre destin.
Vous ne pouvez lui échapper, car les Dieux sont certains,
De ce que vous devez accomplir lorsque l'heure sonne.

8e Heure

Restez auprès de votre famille car l'heure n'est pas venue.
Abandonnez vos désirs vengeurs.
Ils ne sont pas de vous, mais de ceux qui vous entourent
Et ne sauraient vous apporter la paix.

Oracle du Sud

1er Heure

Pour un temps vous serez chéri des grands avec honneur,
Et le très bienvenu quand vous leur ferez service ;
Mais, s'ils voient qu'un peu votre service amoindrisse,
N'espérez jamais d'eux aucuns biens ni bonheur.

2e Heure

N'espérez rien des Grands, car ils vous appauvriront,
Et pour les servir bien demeurerez en peine ;
Si vous y mettez du votre, c'est chose très certaine

Que de votre pauvreté les premiers ils riront.

3e Heure
Par les Grands vous serez mis en de bien grandes charges.
Suivez les favorisés :
Pour vous mettre en crédit c'est le chemin assuré ;
Mais prenez garde qu'à la fin ils ne vous soient à charge.

4e Heure
Fuyez les célébrités le plus que vous pourrez,
Car vous n'aurez jamais part en leurs bonnes grâces ;
Contenez-vous sagement et tous vos faits compasse ;
Si vous fais autrement, vous vous en repentirez.

5e Heure
Le Destin a prévu à votre naissance
D'être bien voulu de tous les Grands ;
Ils vous constitueront aux plus dignes honneurs,
Pour longuement y vivre en pleine jouissance.

6e Heure
Un grand vous fera grand entre tous parvenir :
Ce bonheur vient de l'heure de votre naissance,
Tant que de votre pouvoir vous aurez la puissance
D'en faire des petits grands seigneurs devenir.

7e Heure
N'attendez rien de plus que ce que vous avez.
Accomplissez votre part avec conscience et sérieux.
C'est le mieux que vous faites lorsque vous le voulez.
Alors peut être quelqu'un pour une chose plus grande vous choisirez.

8e Heure
N'attendez pas pour partager vos idées.
Elles vous ouvriront la porte à une nouvelle destinée.
Puisez en vous pour exposer ce que vous avez
Et l'aide attendue viendra ; c'est votre destinée.

Chapelle de Sro

Oracle de l'Ouest

1er Heure
L'office que vous voulez vous sera concédé :
Votre mérite le veut et puis
Le directeur veut un homme qui ait de la capacité,

Et croit que là déjà elle vous est accordée.

2e Heure
Vous perdez vos pas, votre temps, votre argent :
La place que vous voulez est à d'autres promise ;
On vous donne du vent avec cette remise,
C'est ce qu'on appelle de l'eau bénite.

3e Heure
Pourquoi vous défiez-vous d'obtenir votre demande ?
N'êtes-vous pas satisfait de l'exercer ?
Vous l'aurez si vous voulez courtiser et presser :
On n'a rien si on ne le demande.

4e Heure
Retirez-vous, lourdaud et laissez votre poursuite :
Vous recevrez plutôt un affront que de l'avoir ;
Il faut un homme sage et qui ait du savoir,
Et rien de ces vertus ne demeure à votre suite.

5e Heure
C'est plus que votre raison que tout autre vous cède
Vous méritez bien ce que vous demandez,
Et vous prétendez trop peu pour votre savoir ;
Vous l'aurez, car sagement l'on procède ici.

6e Heure
Si la pâte de Genne est faite pour les ânes,
Vous pouvez votre part prétendre à ce gâteau ;
Mais je crois qu'en devez essuyer votre museau :
Ce que vous méritez, ce sont choses profanes.

7e Heure
Quoi que vous l'ayez acquis héréditairement,
Si ne mourrez-vous pas avec cet office,
Car vous ne pouvez l'avoir ayant si mauvais vice,
Ainsi vous vous en déferez, je crois, promptement.

8e Heure
Vous mourrez en l'honneur d'un si bel office,
Et serez regretté quand vous le laisserez :
Car au contentement de tous l'exercerez
Sans qu'en soyez taxé d'aucun vice.

Oracle du Nord

1er Heure
Le sort veut que réussisse une telle entreprise,
Il guide l'escadron de ces braves guerriers ;
Ils reviendront vainqueurs, chargés de lauriers,
Et de richesse encore avec cette prise.

2e Heure
Ils ont fait trop de bruit avant de partir :
Déjà l'on sait qu'ils ont cette entreprise ;
Ce n'est pas comme il faut aller pour faire prise ;
Ils n'auront point de peine au butin de partir.

3e Heure
Elle réussira à votre contentement.
Usez diligemment d'astuce et de finesse,
Accompagnez du soin sagement votre prouesse,
Et poursuivez cette affaire ainsi gaillardement.

4e Heure
Non, quoi que le conseil déjà la fasse prise,
Et qu'entre eux en soit fait disputant le combat,
Où le plus ignorant obstinément débat
Que réussisse une telle entreprise.

5e Heure
Il y aura de la difficulté,
Mais à la fin on en sera le maitre ;
C'est qu'il faut y mettre toute son astuce,
Et adviendra comme on l'a médité.

6e Heure
La mèche est découverte et la mine éventée ;
Tout s'en ira au vent, rien ne réussira.
De l'avoir entrepris on se repentira :
Elle sera battue et non pas emportée.

7e Heure
Elle ne peut réussir si vous n'avez pas prié.
Le destin vous est favorable si vous sacrifiez aux Dieux.
N'attendez rien si vous n'offrez rien.
Alors cette réussite sera grande et durable.

8e Heure
Les signes sont là et ne sauraient avoir tort.

La réussite est proche, il faut poursuivre l'effort.
N'ayez pas peur de cet investissement.
C'est grâce à lui que le succès sera réalisé véritablement.

Oracle de l'Est

1er Heure

Sans faute vous vaincrez toujours votre ennemi :
Le combat vous sera favorable,
Et je tiens de tout point celui-là misérable
Il ne quittera pas les armes comme ami.

2e Heure

Ne vous fiez pas aux armes, elles sont trop journalières,
Il y a peu de profit à y avoir de la dextérité :
Car, si vous en venez là, vous serez maltraité,
Comme vous le verrez en vos heures dernières.

3e Heure

Vous êtes heureux vraiment et non en ce seul point ;
Tout combat éventuel vous sera favorable.
Aucun ne saurait vous rendre misérable,
Mais honoré toujours des hommes en tout point.

4e Heure

Gardez-vous bien, ne faites pas de querelles,
Car, s'il en faut venir aux mains, vous n'êtes pas le plus fort ;
Ainsi vous le prédit votre misérable sort :
Aux grands vents bien souvent il faut tempérer les voiles.

5e Heure

Pour la faveur du ciel n'augmentez pas votre arrogance,
Ni pour ce que vous pouvez vaincre vos ennemis ;
Les bagarres ne sont pas à tous les gens permis ;
Le sort hait ceux qui veulent sur tout prendre vengeance.

6e Heure

Les astres en naissant vous ont été favorables,
De vous avoir si discret et si sage rendu ;
Les bagarres vous auraient mille fois perdu,
Car sur ce point vous ne pouvez vaincre des misérables.

7e Heure

Vous êtes père commun de tous les orphelins,
Et Dieu veut que vous mouriez exerçant votre office,
Car vous savez comme il faut faire punir le vice,

Et punir les cœurs obstinés et malins.

8e Heure
Vous pourrez bien mourir avec votre office,
Mais elle vous mettra elle-même au tombeau,
Et votre vice en sera lui-même le bourreau,
Car il crie vengeance et demande justice.

Oracle du Sud

1er Heure
Passez joyeusement ce temps en allégresse ;
Vous jouirez un jour des biens que vous attendez,
Et cela vous arrivera dans bien peu de temps,
Car il est destiné que vous serez la maîtresse.

2e Heure
Vous ne serez jamais qu'une religieuse,
Et vous vivrez contente en cette situation,
Car vous avez arrêté là votre ambition ;
Si vous l'eussiez voulu vous seriez plus heureuse.

3e Heure
Si vous savez conserver l'humeur de votre ami,
Vous serez sous peu, par son aide, promue à la direction.
Faites-lui donc bon visage et de cela le pressez,
Car ce bonheur dépend totalement de lui.

4e Heure
N'ayez plus confiance aux promesses des vôtres,
Et de leurs faux serments tenez en les distances ;
Vous n'aurez jamais d'eux la chose promise :
Ils ont eu ce qu'ils voulaient de vos biens.

5e Heure
Vous serez bien longtemps une pauvre religieuse,
Et vous mourrez presque de n'avoir rien ;
Mais, vous hériterez de quelques biens,
Vous serez dirigeante du monastère et vous mourrez heureuse.

6e Heure
Toutes les dignités que l'on peut recevoir,
On vous les donnera dans un monastère ;
Mais il vous faut vous résoudre à cela,
Vous ne pourras jamais en être propriétaire.

7e Heure
Vous êtes honoré d'une charge bien grande,
Mais elle est bien autant honorée de vous ;
Vous mourrez avec elle au grand regret de tous,
Doué des qualités que son état demande.

8e Heure
Votre office vous pèse et sa charge vous fâche ;
Bientôt vous la laisserez pour vivre plus content :
Vous n'êtes pas méchant comme il faut être en ce temps
Mais vous voulez vous donner un peu de relâche.

Chapelle de Isro

Oracle de l'Ouest

1er Heure
Ce prince est des meilleurs, il vous gratifiera,
Et puis votre mérite à cela le convie ;
De faire pour les siens il a très bonne envie,
Et croit que sa faveur il ne vous rejettera.

2e Heure
Pour vous gratifier, il faudrait faire tort
A ceux qui l'ont suivi en toutes ses fortunes ;
Donc ne prétendez pas qu'il ne vous en fasse aucune :
Il vous hait, je le crois, plus que ne le fait la mort.

3e Heure
Votre humeur lui plait fort et il fera son possible
Pour vous gratifier et tenir près de lui ;
Il dit que c'est vous seule qui charmez son ennui :
Ne soyez donc pas à vous même nuisible.

4e Heure
Quelle est l'occasion de votre prétendue ?
Quel service avez-vous fait pour être reconnu ?
Vous êtes par les Grands inconnu,
Et votre attente y doit d'être perdue.

5e Heure
Vous serez plus que nul gratifié de lui.
Demandez librement ce qui vous plait,
Car il est envers votre famille obligé,
Et doit faire pour vous quelque chose aujourd'hui.

6e Heure
Celui-là ne sait pas gratifier personne,
S'il n'est du tout porté pour ceux qu'il entreprend ;
Vous ne serez pas plus content que les autres,
Car aux habiles gens jamais il ne leur donne.

7e Heure
N'espérez nullement ce bien de votre fortune,
Vous ne viendrez jamais à cette dignité ;
Votre cœur est trop rempli de magnanimité,
Car de courses en mer vous n'en ferez plus qu'une.

8e Heure
Fortune vous veut être en tout temps favorable,
Et vous serez bientôt, si vous voulez, directeur ;
Bien que ce soit tôt, ne refusez pas ce bonheur,
Ou vous verrez un jour que votre jouissance est muable.

Oracle du Nord

1er Heure
Votre courage invincible, aux maux infatigables,
De mille faveurs sera reconnu,
Car vous êtes des Grands connu,
Qui tous vous élèveront en un grade honorable.

2e Heure
Vous vous morfondez et perdez le temps d'attendre :
Jamais vous n'aurez bien ni faveur de cette vedette ;
Demeurez à votre barreau pour alléguer les lois :
Vous ne pouvez pas, il semble, davantage prétendre.

3e Heure
Vous serez reconnu et par votre mérite
Élevé d'un degré comme vous l'espérez ;
Ceux qui ont ce pouvoir y sont tous préparés,
Et votre seul mérite à cela les incite.

4e Heure
Vous avez bon courage et voulez faire entendre
Que quelque dignité vous méritez avoir,
Pour ce que vous avez un petit de savoir ;
Mais il vous faut encore un an ou deux attendre.

5e Heure
N'espérez pas avoir quelque charge honorable :

On a trop vu votre esprit avili ;
Il n'y a que trois jours que vous êtes assagi :
Attendez d'être un peu plus aimable.

6e Heure
Vous serez élevé en haute distinction,
Et vous aurez des charges honorables,
Qui vous seront très profitables,
Car votre capacité a été reconnue.

7e Heure
Si vous avez résidence ou voyage à faire,
Allez vite pour le faire et ne vous amusez pas
Car vos anciens approchent du trépas.
Pour être le chef cela vous est nécessaire.

8e Heure
Vous serez commandeur avant que l'an se passe,
Bien que des concurrents vous ayez plus de six.
Cette heure est de votre heure expressément fixée ;
Dieu, pour l'avoir servi, vous fera cette grâce.

Oracle de l'Est

1er Heure
Voici le temps que vous reconnaîtrez
Le bien qu'il a volonté de vous faire ;
Soyez seulement soigneux de lui complaire,
Et mille biens de lui vous recevrez.

2e Heure
Il a tant à donner que c'est une merveille,
Et tant de gens vivants en espoir d'en avoir,
Qu'aucun bien pour ce coup vous ne pouvez recevoir.
Ainsi fera toujours pour vous la sourde oreille.

3e Heure
Vous l'avez obligé par tant de bons services
Qu'il doit vous reconnaître et libéralement.
Ayez cette espérance et croisez fermement
Que vous aurez de lui dix mille bons offices.

4e Heure
C'est espérer en vain et perdre votre attente :
Vous ne sauriez avoir aucun bienfait de lui ;
Il vous tient pour contraire et suspect de celui

Qui le gouverne et qui tous mécontente.

5e Heure
Tout ce qu'il pourra faire il le fera pour vous
Et vous départira des bienfais à largesse ;
Son amitié vous jure une telle promesse,
Et vous vous en devez assurer dessus tous.

6e Heure
Si vous en avez reçu vous devez plier bagage,
Car il n'y a plus rien de ces bienfaits pour vous ;
Dites adieu désormais aux Grands et leurs éclats,
Vous ne devez espérer rien d'eux davantage.

7e Heure
Le trésor jouira de votre commanderie,
Pour n'avoir pas votre temps du tout parachevé ;
Et ce qui vous a si tôt à cette heure élevé
Finira, que je crois, par une plaidoirie.

8e Heure
Ne vous dépêchez pas de faire votre voyage :
De dix ans il n'y aura aucun enterrement,
Car tous vos anciens vivront plus longuement ;
Ne perdez pour votre voyage le cœur ni le courage.

Oracle du Sud

1er Heure
La saison vous contraint d'être parfois armé,
Et il faut que vous le fassiez afin de conserver
Ce qu'on vous a laissé ; car de le préserver
Toute commodité des mains vous est échappée.

2e Heure
Il faut, pour l'entretien d'une bonne maison,
Faire faire à l'un et l'autre des études.
Faites pour ce coup votre choix et conservez votre terre :
Vos frères vous aideront en quelque autre saison.

3e Heure
Guidez toujours votre cœur et votre gentil courage
A suivre la valeur des plus braves soldats.
Vous serez bienheureux sous l'étendard de Mars,
Si vous avez seulement une arme en partage.

4e Heure
Prenez la robe et puis vous choisirez
De ce qui en dépend la vie plus heureuse,
Soit la religion, soit la loi ;
Vous êtes encore au choix de ce que vous voudrez.

5e Heure
Il faut que vous choisissiez une vie assurée ;
Qu'elle soit votre support pour vos ans les plus vieux.
Choisissez un bon métier, ce que vous pouvez faire de mieux ;
Ce sera une heureuse vie et de longue durée.

6e Heure
Je vous vois, ce me semble un homme vénérable,
Donner à un chacun la justice et le droit ;
Je vois, si vous m'en croyez, chacun en votre endroit
Vous prier d'accepter cette charge honorable.

7e Heure
Bientôt vous vous verrez changer de condition,
Et ce au contentement de plusieurs personnes
Qui n'ont pas trouvé vos humeurs toujours bonnes,
Ainsi que leur ait plu cent fois votre action.

8e Heure
Cela vous sera un bonheur quand vous aurez changé
Cette condition importune et fâcheuse,
Car alors votre humeur sera toute amoureuse,
Quand d'un si pesant joug vous serez déchargé.

11E TEMPLE DU CIEL

Chapelle de Ptiaou

Oracle de l'Ouest

1er Heure
Elle est, elle sera, son désir est de l'être.
Rien ne lui plait tant qu'une chaste amitié.
De nulle passion elle n'aura pitié.
Amour sera plutôt son vassal que son maitre.

2e Heure
Le vœu qu'à Diane elle a fait
Garder si chastement, sans rabaisser son âme,

Qu'elle méprise l'amour, son pouvoir et sa flamme,
Son carquois, son bel arc, ses flèches et leur effet.

3e Heure
Mais que vous sert de faire ainsi l'innocente ?
On voit à vos yeux que vous l'avez été.
Ne nous faites plus croire à votre chasteté,
Car il y a longtemps que vous en êtes débarrassée.

4e Heure
Il ne faut pas blâmer les humeurs amoureuses,
Et juger pour cela qu'elles veulent aimer.
Ce serait pour un rien les filles diffamer,
Qui peuvent se retrouver les plus embarrassées.

5e Heure
Elle en jurerait bien, mais je ne la crois pas.
Car je sais bien celui qui depuis un certain temps déjà
Elle a connu le plaisir,
Et plus d'un lui ont rendu hommage.

6e Heure
Son attitude, son regard et son rire si doux,
Sont témoins suffisants d'une femme pudique.
Celles qui de leur corps ont fait pratique ;
Ainsi leur réputation est-elle connue de tous.

7e Heure
Ce n'est pas de l'amour et vous le savez vraiment.
Saisissez l'amitié qui vous est offerte et ne vous méprenez pas.
Elle est réellement ce que chacun de vous cherche,
Et restera vraie longtemps.

8e Heure
C'est l'amour que vous cherchez, alors cessez.
Soyez honnête et ouvrez-lui votre cœur avant que la lune ne se termine.
Ainsi vous saurez ce que vous devez attendre,
De cette relation étrange que vous faites durer.

Oracle du Nord

1er Heure
Qui vit sans amitié ne vit qu'une demi-vie,
Et perd tout le plaisir qu'au monde il peut avoir.
Faites donc un ami, si vous voulez savoir

Le moyen de chasser votre mélancolie.

2e Heure
Avant que de vous mettre à nouer cette amitié,
Regardez le danger où cet amour vous entraîne.
Votre vie en dépend, c'est chose très certaine.
Ayez en premier de vous-même pitié.

3e Heure
Qui mérite un ami autre que vous ?
Qui mérite d'avoir au monde cette grâce ?
Si ce n'est vous, que personne ne le fasse,
Car je veux que cela ne soit permis qu'à vous.

4e Heure
Méfiez-vous de votre ami, pour ne pas être ruinée,
Car l'infortune peut s'abattre sur vous.
Vous seriez perdue aux yeux de tous,
Et en amour la plus infortunée.

5e Heure
Vous êtes trop intelligente et trop jolie
Pour vous donner conseil de vivre sans ami.
Celle qui vit ainsi n'a pas une vraie vie.
Si vous décidez de vivre sans ami, vous faites une folie.

6e Heure
Ne vous fiez jamais à ces trompeurs appâts.
L'amour est un serpent qui dans les cœurs se glisse
Pour leur faire goûter doucement son supplice.
Dans les bras de vos amis, pleinement ne vous abandonnez pas.

7e Heure
Nul doute que l'amitié transformera votre vie.
Mais prenez garde à vous entourer de personnes bonnes.
Ne vous nouez pas d'amitié avec les mauvais,
Car les conséquences pour vous en seraient désastreuses.

8e Heure
Prenez garde à ceux qui vous entourent.
Certains sont des amis, d'autres non.
Il faut les distinguer pour écarter les nuisibles
Et chérir l'amitié de ceux qui vous aiment.

Oracle de l'Est

1er Heure
Si vous l'avez connue en son amour fidèle,
Et que vous avez eu cette pratique autrefois,
Vous pouvez encore l'essayer quelques mois,
Pour vous fier après entièrement à elle.

2e Heure
Que son langage flatteur ne vous déçoive pas,
Ne vous laissez pas ainsi tromper ;
Vous ne pouvez trop vous y fier,
Mais de votre astuce elle ne doit pas s'apercevoir.

3e Heure
Tant de jours et de nuits ensemble passés,
Tant de propos secrets partagés ensemble,
Sont bien des actions pour s'y fier ce me semble,
Et vous avez eu assez d'autres preuves.

4e Heure
Ne vous y fiez pas, car c'est une trompeuse,
Elle apprendra de vous tout ce qu'elle pourra,
De quoi contre vous-même elle se servira,
Si vous lui racontez que vous êtes amoureuse.

5e Heure
Ce serait trop douter d'une amitié connue
Et faire peu de cas d'une fidélité ;
Vous devez vous méfier d'elle en vérité,
Elle semble sage et retenue.

6e Heure
Elle est votre ennemie et votre rivale :
Voyez c'est assez pour s'en méfier ;
Elle pèse vos mots, elle compte vos pas,
Et toujours elle a l'œil sur vous.

7e Heure
Vous n'avez rien fait pour mériter cela.
Ne pardonnez pas cette amitié trahie.
Rien ne peut excuser ce qui a été dit
Et encore moins ce qui a été fait à partir de là.

8e Heure
Vous ne savez pas si votre amitié est trahie ?

Les promesses ont-elles été tenues ?
Votre ami vous a-t-il écouté et entendu ?
Répondez à ces questions et vous aurez votre réponse

Oracle du sud

1er Heure

N'attendez pas trop des autres.
Avez-vous commencé par être votre propre ami ?
Faites la paix avec vous-même sans attendre.
Alors seulement vous aurez de vrais amis.

2e Heure

Allez dans ce groupe sans hésiter.
En peu de temps vous serez surpris par l'un d'entre eux.
C'est celui-ci qui es important pour vous.
Qu'attendez-vous encore pour vous décider ?

3e Heure

De véritable amis sont rares et vous le savez.
Mais c'est aujourd'hui différent pour vous.
Le moment attendu est proche et passe par une voix.
Oui, c'est ainsi que vous le remarquerez parmi les autres.

4e Heure

Une nouvelle opportunité est importante.
Conservez votre enthousiasme car c'est une passion légitime.
Dans quelques jours vous entendrez une voix presque familière.
Vous saurez alors pourquoi vous avez choisi ce groupe.

5e Heure

En effet vous rencontrerez plusieurs personnes
Et certaines deviendront des amis.
Mais elles ne sont pas encore dans ce groupe.
Elles vont le rejoindre très bientôt.

6e Heure

Votre idée est bonne, mais prenez garde.
A trop chercher des amis, vous ne faites pas assez de place,
A ceux qui veulent vous rencontrer.
Participez, écoutez plus et parlez moins.

7e Heure

Cherchez ce que vous pouvez apporter
Et non ce que vous voulez prendre.
C'est en ouvrant vos mains et votre cœur

Que les choses espérées vont arriver !

8e Heure
Encore un groupe de plus ?
Vous avez déjà essayé et avez été déçu.
Souvenez-vous avant de ce qui s'est passé.
Prennez le temps d'apprendre du passé.

Chapelle de Abiou

Oracle de l'Ouest

1er Heure
Il est presque indécent, car là
On ne fait que causer et médire,
Sur chacun et aussi quelquefois en rire.
Ne vous y mêlez pas.

2e Heure
Vous êtes aimée à toutes les assemblées,
Et vous y dites quelques mots en toute honnêteté.
Vous êtes égale à vous-même en toute liberté.
Fréquentez-les donc sans être troublée.

3e Heure
Ce qui d'ordinaire se fait entre parents
Est permis à celles de votre âge.
Mais vous ne voulez plus penser au mariage,
Ni faire ce qu'il faut pour avoir des enfants.

4e Heure
Vous devez les fréquentez pour faire paraitre
Vos filles et aussi pour vous, à qui il est permis
De vous faire un beau-fils et d'avoir des amis,
Et que chacun se connaissent.

5e Heure
Fuyez ce type de compagnies et principalement
Celles où chacun de richesse abonde,
Car vous serez montrée du doigt par tout le monde,
Et on se moquera de vous publiquement.

6e Heure
Fréquentez-les en tout temps, en vous-même,
Votre honneur n'en sera jamais intéressé.
Faites-le ainsi avant que le temps soit passé.

Il faut jouir du bien qu'extrêmement on aime.

7e Heure
Stoppez ces fréquentations,
Si elles vous poussent à trahir votre nature profonde.
Avez-vous été poussé à dire des choses que vous réprouvez ?
Alors rejetez ces personnes et ne vous retournez pas.

8e Heure
Ouvrez votre cœur à ceux qui comme vous
Cherchent à être meilleurs.
Pourquoi perdre votre temps à rencontrer les autres,
Qui ne cherchent qu'à profiter au lieu d'apprendre ?

Oracle du Nord

1er Heure
Pour ce qui est de l'amour il n'est pas vrai,
Qu'on puisse lui en parler comme ça lui plait ;
Mais si pour vous servir c'est dans son intérêt,
Vous ne sauriez trouver homme plus serviable.

2e Heure
Tout ce qu'il dit contient la pure vérité,
Et vous devez y croire ainsi qu'à un Oracle :
Car pour moi je le tiens pour un petit miracle,
Comme je crois qu'il est de la postérité.

3e Heure
Ne vous arrêtez pas à ses paroles,
Elles ne sont rien d'autre que du vent,
Car vous voyez combien il se contredit souvent,
Et que tout ce qu'il dit ce ne sont que fariboles.

4e Heure
Vous avez avant eu tant de connaissance
De toutes ses façons et ses comportements,
Que vous devez bien avoir un certain jugement
Et que ses paroles sont de toute confiance.

5e Heure
Gardez-vous d'être prise à son langage :
Ce n'est qu'histoires et rien en vérité ;
De ce qu'il dit ne correspond à sa volonté,
Car il dit une chose et fait autrement.

6e Heure
Il n'a jamais menti, c'est l'amant sans reproche,
Et vous auriez grand tort de le croire autrement ;
Il est sincère et ne dit nullement
Parole qui ne soit vraie.

7e Heure
Ne vous laissez pas entraîner par votre passion.
Raisonnez-vous et parlez-lui sans délai.
C'est ainsi que vous trouverez la vérité,
De ce qui vous perturbe sans raison.

8e Heure
Pourquoi doutez-vous alors que vous ne lui avez par parlé ?
Dans la discussion se trouve la solution.
Utilisez votre raison.
Ainsi votre vie reprendra son cours sans vaciller.

Oracle de l'Est

1er Heure
Il ne faut point douter qu'où loge une belle âme
L'amour ait à plaisir d'y faire son séjour ;
Elle aime pour certain, mais c'est d'un noble amour,
Et tout vertueux est l'amour qui l'enflamme.

2e Heure
Ne voyez-vous pas bien comme elle est abordable,
Et comme ses façons répugnent à cela ?
Elle est pour cette humeur insupportable,
C'est le moindre désir qu'elle ait que celui-là.

3e Heure
Elle aime pour de vrai, mais discrètement,
Gardant dans son cœur cette flamme amoureuse,
N'étant en son amour que désireuse
De goûter ce parfait contentement.

4e Heure
Ses gestes, ses façons, vous démontrent assez
Que cet aveugle archer a son âme blessée,
Que l'amour gouverne seul et dirige sa pensée.
Vous ne savez rien si vous ne le connaissez pas.

5e Heure
Son cœur est un rocher toujours couvert de neige,

Où se brisent les traits et où s'éteint la braise
De celui qu'on nomme Cupidon,
Car de ne point aimer, elle a le sortilège.

6e Heure
Oui elle est amoureuse et l'amour qui l'enflamme
Est d'un si beau sujet qu'il n'a point de pareil.
Aussi, dès qu'elle a posé ses yeux sur ce Soleil,
Elle n'a pris autre plaisir que d'attiser cette flamme.

7e Heure
Elle est pour vous ce que vous espériez.
Que cherchez-vous de plus en m'interrogeant ?
La réponse est auprès d'elle, alors demandez-lui maintenant.
Votre vie est riche et vous devez en profiter.

8e Heure
N'ayez crainte du regard des autres.
Vous devez être juste vis-à-vis de vous et des Dieux.
Demain dépend de ce que vous vivez et vous ferez des envieux.
Prenez sa main et ne faiblissez pas pour d'autres.

Oracle du Sud

1er Heure
Votre pauvreté sera la cause de votre martyr ;
Si vous pouvez donner, vous serez bien aimé.
Il n'y a que le don des femmes estimé ;
Donc votre nécessité veut que vous vous en retiriez.

2e Heure
Un bel œil ne saurait être désavoué
Quand il offre le cœur qui est en sa puissance,
Que s'il donne de lui l'entière jouissance,
Pour jouir tout de même il ne soit alloué.

3e Heure
Votre constance, votre foi, votre amitié fidèle.
Votre parler gracieux, ne sauraient l'émouvoir,
Ni moins vous faire aimer n'est en votre pouvoir,
Mais elle vous sera toujours de plus en plus cruelle.

4e Heure
Pourquoi le Ciel vous aurait de tant de bien doué
S'il voulait en cela vous être défavorable ?
Non, non, vous êtes en tout plus que nul autre aimable,

Aussi pour son amant vous serez désigné.

5e Heure
Cessez de ne plus avoir en votre Dame espérance :
Le temps que vous passez auprès d'elle est perdu,
Plaignez-le, regrettez-le, comme mal dépensé,
Car vous n'aurez jamais d'elle la jouissance.

6e Heure
Aimez et vous serez de très bon cœur aimé ;
En cela est le point qui vous doit rendre aimable,
Poursuivez cette humeur qui vous rend admirable,
Et vous serez toujours des dames estimé.

7e Heure
Il est certain que vous trouvez ici ce que vous cherchez.
Ne vous préoccupez pas d'en connaître la durée.
L'essentiel est l'instant qui peut varier
Mais restez unique pour chacun.

8e Heure
Ne vous leurrez pas sur ce que vous ressentez.
Parlez-lui et vous serez fixé par ses silences.
Vous pourrez alors tourner la page,
Retournant à ce qui pour vous fait plus de sens.

Chapelle de Pvousbuou

Oracle de l'Ouest

1er Heure
Il ne tiendra qu'à vous si vous voulez l'être,
Toutes les qualités requises sont en vous ;
Vous y serez reçu et peut-être sur tous
Quelque jour vous aurez ce titre de Grand Maitre.

2e Heure
Vous serez bien reçu, mais ce sera par faveur,
Et très injustement vous recevrez cet ordre ;
Mais, si vous me croyez, vous y donnerez ordre
Avant qu'on vous en chasse avec déshonneur.

3e Heure
Vous ne le serez point, il est tout assuré,
Et vous dire pourquoi, je ne veux pas le faire,
Car il est mieux sur ces choses me taire :

Ne l'attendez donc plus si l'avez espéré.

4e Heure
Si quelqu'un peut l'être et avec raison,
Vous ne pouvez douter que l'on vous y refuse :
Ce n'est pas à ceux-là de votre rang qu'on use
De refus ; on connait assez votre nom.

5e Heure
A quoi vous sert la faveur des Grands ?
Vous ne serez jamais membre de cet Ordre,
Car on n'y reçoit point, si ce n'est par désordre,
Des gens qui sont issus de modeste milieu comme vous.

6e Heure
Vous y serez reçu et le très bien venu,
Et devez votre bien de ce bonheur attendre ;
Nul ne peut contre vous aucun défaut prétendre,
Car vous êtes de tous pour une noble âme reconnue.

7e Heure
D'une part vous serez toujours bien reçu,
Mais de l'autre côté vous ne le serez guère,
Car on est en soupçon de vous depuis naguère,
Pour des gestes dont quelqu'un s'est aperçu.

8e Heure
Vous serez bien reçu, déployez hardiment
Ce que vous avez de plus beau dans votre boutique,
Montrez votre éloquence et votre rhétorique,
Afin que l'on vous juge homme d'entendement.

Oracle du Nord

1er Heure
Le dessein qui vous mène est trop louable
Pour être mal reçu où vous vous en allez ;
Vous y serez reçu comme vous le voulez,
Et vous y recevrez un accueil honorable.

2e Heure
Qui demande n'est point en nul lieu bienvenu :
Vous serez même mal reçu de l'hôtesse ;
Quoi que vous le fassiez par art et par finesse,
Aussitôt vous serez de chacun reconnu.

3e Heure
On fera, pour chérir votre réception,
Tout ce que l'on pourra de joie et d'allégresse,
Et principalement la belle à qui s'adresse
La peine du voyage et votre affection.

4e Heure
Nenni, car votre humeur n'est nullement plaisante,
Et si l'on vous reçoit, c'est importunément ;
Vous faites trop le libre et ce n'est pas comment
Vous pouvez parvenir au but de votre attente.

5e Heure
Il est important que vous poursuiviez cette activité.
Elle change votre vie et vous apporte des bienfaits.
Ne le rejetez pas, mais va plus loin.
Vous auras ainsi un changement favorable prochain.

6e Heure
Vous savez que votre choix fut discutable.
Posez vous la question de ce qui vous a poussé à le choisir.
C'est de là que la solution vous semblera évidente,
Et fera apparaître une meilleure option.

7e Heure
Votre destin est de suivre cette voie.
Ne vous demandez pas si elle est juste.
Continuez et dans quelques temps,
Elle vous paraîtra totalement évidente dans votre vie.

8e Heure
La troisième personne que vous croiserez
Au cours de votre prochaine activité
Donnera la réponse à votre question.
Les Dieux utilisent parfois des voies détournées.

Oracle de l'Est

1er Heure
Tu n'es pas venue ici-bas sans passé.
Il est temps de considérer ta vie spirituelle.
Sans elle tu resteras un animal sans âme.
Avant que l'anniversaire de ta naissance ne revienne, agis !

2e Heure
Tu as des jambes et tu ne t'en sers pas assez.

Prends exemples sur ton arrière-arrière-grand-père.
Sors et marche plus souvent.
Tes ancêtres et ton corps en seront reconnaissants.

3e Heure
Donnez et vous recevrez. Le temps est venu.
Agissez plus souvent pour les autres.
Participez aux bonnes œuvres mais ne donnez pas aux religieux.
Ils le gardent trop souvent pour eux.

4e Heure
Puisque vous aimez conserver certaines choses,
Choisissez ce qui vous procure le plus de plaisir à contempler.
Apprenez davantage de choses à ce sujet
Et commencez à collectionner et à organiser.

5e Heure
La terre sur laquelle vous marchez demande votre attention
Les pierres sont importantes pour vous
Ces pouvoir cachés vous apporteront plus que vous ne le pensez.
Elles changeront votre vie.

6e Heure
Considérez ce qui est beau autour de vous.
Ouvrez davantage les yeux de votre âme.
Dans peu de temps un moyen vous sera révélé,
Pour vous aussi exprimer votre être intérieur.

7e Heure
On ressemble à ceux avec qui on passe du temps.
Considérez vos amis et proches. Il est temps.
Choisissez avec attention ceux qui vous entourent.
Votre vie en sera vite différente et pour longtemps.

8e Heure
Vous devenez ce que vous mangez, ne le voyez-vous pas ?
Les puissances divines ont créé le monde et les vivants.
C'est à vous de maintenir votre vie et votre santé ;
Pour cela, considérez vos aliments et la façon dont ils sont préparés.

Oracle du Sud

1er Heure
Prenez soin du corps que les Dieux vous ont donné.
Ce sport n'est pas une compétition
C'est un moyen pour équilibrer votre corps.

Écoutez ce que vous dit votre physique. Vous l'oubliez trop souvent.

2e Heure
Chaque instant de votre vie est précieux.
La façon dont vous vivez et agissez est la réponse.
Voyez comment vous avez agi dans les mois passés.
Est-ce vraiment de la modération ?

3e Heure
Ne vous laissez pas aller à la paresse.
Vous devez en faire plus pour découvrir vos limites.
Votre problème n'est pas seulement le sport,
Mais vos abandons trop rapides.

4e Heure
Lorsque vous avez été enfant, vous n'avez pas choisi.
Aujourd'hui vous le pouvez sans doute.
Ecoutez votre corps et vous saurez ce qu'il réclame.
Laissez pour un temps l'esprit de côté.

5e Heure
Il vous faut cesser de vous poser de telles questions.
Sachez qui vous êtes et ce que vous voulez devenir.
La réponse sera lors claire et vive,
Modifiant votre vie et vos habitudes pour le meilleur.

6e Heure
Pendant un cycle lunaire pratiquez seul ce sport.
Que votre corps et votre esprit soient parfaitement centrés sur cette activité.
De l'union des astres et du corps,
La vérité vous sera ainsi révélée.

7e Heure
Vous ne connaissez pas assez cette activité.
Avant que ce cycle lunaire ne s'achève
Explorez et pratiquez davantage.
Une rencontre vous aidera et répondra à cette question

8e Heure
Avez-vous remarqué que vous possédez un esprit et un corps ?
Consacrez le temps nécessaire à ce sport
Jusqu'à ce que vous l'accomplissiez également en rêve.
C'est de là que viendra la meilleure réponse.

12E TEMPLE DU CIEL

Chapelle de Abiou

Oracle de l'Ouest

1er Heure
Votre humeur complaisante est pour tout endurer.
Vous ne ferez jamais rupture de votre mariage,
Et quoi qu'il vous arrive, en lui vous serez sage,
Car vous voulez sa durée en paix.

2e Heure
La moindre occasion qu'on vous donnera
Fera vous sentir prête au divorce,
Surtout s'il y a de sa part largement de quoi
Il n'y aura pas besoin que l'on vous y force.

3e Heure
Si le mal qui vous tient encore continue,
Et continue aussi à votre compagnon,
Faites-en sorte de rompre cette union
Qui ne mène à rien, même entretenue.

4e Heure
Vous ne le ferez point, si vous n'avez pas l'humeur
Qu'ont celles qui ont flâné à leur aise.
Car, si par-là l'humeur de la femme s'apaise,
Vous avez pour ce faire un brave flâneur.

5 Heure
Non elle a trouvé qui l'en empêchera,
Car elle servie tout comme elle le veut,
Aussi est-il aimé d'elle plus que sa vie,
Et toujours le sera tant qu'il y fournira.

6e Heure
Elle demandera le divorce, il est quasi sans doute,
Car elle aime ce qu'on ne lui fournit pas.
Elle a pensé mourir cent fois entre ses bras,
Espérant en vain atteindre ce bonheur.

7e Heure
Le moment est venu de mettre fin à cette situation.
N'hésitez pas car attendre est pire que d'agir.
Écoutez votre voix intérieure car elle parle juste.

Votre futur n'est pas aussi sombre que vous le voyez maintenant.

8e Heure
Vous voulez mettre fin à cette relation ?
Votre attitude semble démontrer l'inverse.
Alors agissez sans équivoque.
C'est dans l'indécision que repose les troubles qui vous agitent.

Oracle du Nord

1er Heure
Plutôt vous feront tort ceux de votre nation
Desquels vous n'aurez pas l'entière connaissance ;
Fréquentez les étrangers en confiance,
Ils seront vos amis sans dissimulation.

2e Heure
Visitez moins souvent ces pays étranges :
Votre humeur n'est pas apte à les bien pratiquer ;
Ils ne se veulent pas à tous communiquer,
Et trouvent nos façons en ce fait trop étranges.

3e Heure
Vous savez vous comporter avec tous sagement,
Et des plus étrangers vous vous faites domestique.
Faites leur part en tous lieux de vos douces pratiques,
Et conversez avec eux fort libéralement.

4e Heure
Le moins que vous pourrez fréquenter ces inconnus ;
Si vous les voyez souvent, ce sera votre dommage,
Car ils voudront avoir sur vous de l'avantage
Et vous feront courir mille dangers.

5e Heure
Toujours les étrangers sont aux bons favorables
Et favorisent ceux qui les veulent aimer ;
Faites donc par les fréquenter votre humeur estimer,
Et montrez qu'ils vous sont aussi agréables.

6e Heure
Vous prisez tellement ceux de votre pays
Que toujours vous parlez d'eux avec louanges,
Au mépris de ceux que fréquentez ;
Ne les voyez donc plus, si vous les haïssez.

7e Heure
Faites-lui confiance uniquement après avoir considéré ses actes.
Ne vous laissez pas entraîner par son charme.
Votre passion est un obstacle qu'il vous faut contrôler,
Pour distinguer le vrai du faux.

8e Heure
Il faut être plus prudent que vous ne l'avez été.
Les trompeurs sont nombreux
Et les trompés malheureux.
Ne faites pas confiance aveuglement à sa sincérité.

Oracle de l'Est

1er Heure
Plutôt du clair soleil la lampe journalière
Éteindra pour jamais sa céleste clarté
Que ne se fasse voir toujours la vérité ;
La vôtre sera vue et ne tardera guère.

2e Heure
Vos ennemis feront tout ce qu'ils pourront
Afin qu'elle soit inconnue du tout,
Et pour longtemps ils en viendront à bout ;
Mais un bienheureux jour elle paraîtra claire.

3e Heure
La vérité ne peut longtemps être cachée :
L'industrie s'y perd des hommes plus méchants ;
Ses rayons tout de feu vont les nues tranchantes.
Elle sera connue et de rien empêchée.

4e Heure
Ils ont issu leur fait si cauteleusement,
Par témoins apostés et grande retenue,
Que la vérité n'en sera reconnue
Qu'eux-mêmes ne la disent après le jugement.

5e Heure
Si Dieu a dit : Je suis la vérité,
Peut-elle être toujours sous l'obscurité d'une nue ?
Espérez en sa bonté, qu'elle soit connue,
Vous remis en honneur et en pleine liberté.

6e Heure
Las ! J'ai peur que trop tard elle se reconnaisse,

Car tous les opposants ont ici du pouvoir ;
Ainsi, pour la vérité, ces hommes fassent voir
L'industrie qu'ils ont à cacher leur finesse.

7e Heure
Les Dieux sont favorables et votre attente prend fin.
Attendez avec confiance que les voiles se lèvent.
La vérité brillera aux yeux de tous
Et ce que vous avez dit sera reconnu.

8e Heure
Cessez de vous interroger et de chercher ainsi.
Retournez à votre vie.
Le destin ne peut être changé
Et le moment viendra où la vérité sera révélée.

Oracle du Sud

1er Heure
Il est bien raisonnable, au fort de votre jeunesse,
Que vous vous remariez et ne demeurez ainsi.
Qui aurait soin de vous, qui en aurait souci,
Si ce n'est une femme, au soir de votre vieillesse ?

2e Heure
Si vous avez bien aimé, comme vous faites entendre,
Le tombeau doit, ce coup, votre amour enfermer,
Et jusqu'au dernier jour de votre vie l'aimer,
Sans attendre au point d'une autre femme prendre.

3e Heure
Vos biens seront perdus si vous n'avez pas d'enfants,
Et puis c'est l'entretien de la faible vieillesse ;
Épousez donc votre jeune maîtresse,
Cela vous fera vivre encore quelques ans.

4e Heure
Pour la première fois vous avez d'être content ;
Gardez bien d'épouser une seconde femme :
Elle sera la géhenne et l'enfer de votre âme,
Et le sujet de vivre à jamais mécontent.

5e Heure
Vous ne devez mépriser un si grand avantage,
Aussi bien il faut vous remarier ;
Mais je crois que vous voulez vous faire un peu prier.

Gardez-vous de refuser un si bon mariage.

6e Heure
C'est assez pour un coup éprouver le ménage.
Vous avez de beaux enfants et de quoi les nourrir :
C'est pour en votre vieillesse un jour vous secourir.
N'entreprenez pas, pour votre bien, un second mariage.

7e Heure
Personne n'est fait pour rester seul.
Ouvrez votre cœur à ceux qui vous entourent.
Vous en verrez beaucoup,
Mais un jour prochain verra une scène différente.

8e Heure
Le moment est là
Dans sept jours exactement,
Vous rencontrerez quelqu'un de différent,
Qui sans nul doute vous intriguera.

Chapelle de Kontare

Oracle de l'Ouest

1er Heure
Faites bien et de vos faits et gestes on ne parlera pas.
Car qui donne à causer, c'est quelquefois nous-même.
On parlera de vous, car vous en faites de même.
Empêcher de médire ne peut se faire pour tout.

2e Heure
On ne peut éviter la bouche du vulgaire.
Morte est celle de qui l'on ne parla jamais.
On parlera de vous et alors vous serez
Le plus commun caquet du simple populaire.

3e Heure
Vivez, chère amie, en votre contentement.
Heureuse pour jamais on verra votre vie,
Car personne sur vous n'apportera d'envie,
Si ce n'est pour trop vivre au monde sagement.

4e Heure
Toutes vos actions parlent assez pour vous,
Et vous-même donnez le sujet de médire.
Retenez votre langue et cessez de tant dire,

Ou vous serez la fable racontée par tous.

5e Heure
Toutes vos actions sont pleines de sagesse.
Aussi chacun de vous sagement parlera.
Jamais le médisant de vous ne médira,
Sinon que vous êtes pleine de finesse.

6e Heure
On parlera de vous, c'est inévitable,
Et le pire pour vous, trop indiscrètement.
Car on parle toujours trop vulgairement,
Tant que vous servirez au monde de fable.

7e Heure
Il est temps de vous taire,
Car on ne craint des autres,
Que ce que l'on est capable de faire.
Soyez donc honnête et ne vous souciez pas.

8e Heure
Bien entendu l'on parle de vous.
Que vous importe puisque vous savez qui vous êtes.
Éloignez-vous des médisants.
Ils apportent le malheur.

Oracle du Nord

1er Heure
Pourquoi doutez-vous ?
Si comme vous aimez votre amoureux vous aime.
Il vous aime cent fois plus qu'il ne s'aime lui-même.
Vous êtes celle qu'il aime comme un fou.

2e Heure
Vous n'êtes pas aimée autant que vous aimez,
Et ne vous trompez pas aux belles apparences ;
Voyez auparavant ces froides contenances,
Ils éteindront les feux où vous vous consumez.

3e Heure
Il ne se vit jamais un amour si égal,
Ni deux cœurs plus unis de même affection.
Vous l'aimez, il vous aime avec passion,
Et vous ne devez pas douter d'amour si loyal.

4e Heure
Vous aimez toute seule et certes il m'en déplaît,
Car votre amour mérite une autre récompense,
Et ceci me fâche de voir celui qui vous offense
Obstiné comme il est à ne pas vous aimer.

5e Heure
Cette grande beauté, si aimable,
Où l'amour séjourne ordinairement,
Ne saurait rien aimer sans l'être totalement.
Celui que vous aimez n'a rien de plus agréable.

6e Heure
Non certainement, vous n'êtes pas aimée
Comme l'on doit aimer une qui aime si bien.
D'égal à votre amour la sienne ne tient rien,
Et n'est pas de lui comme il faut estimée.

7e Heure
Vous êtes aimé et vous le serez toujours.
La chose n'est pas compliquée,
Lorsqu'avec des mots simples,
L'on peut à l'autre se confier.

8e Heure
Vous doutez pour cette simple remarque ?
Ceci est bien puéril.
Cessez de vous torturer pour si peu et
Partagez ce que vous avez ressenti.

Oracle de l'Est

1er Heure
L'amour est fait de signes discrets.
Celui que votre regard ne peut quitter est toujours là.
Ouvrez vos yeux, ouvrez votre cœur, écoutez.
Il ne peut vivre sans vous.

2e Heure
Les nuages peuvent assombrir une journée,
Mais ce n'est pas pour cela que le soleil a disparu.
Attendez que le vent éclaircisse le ciel
Et votre doute s'envolera comme de rapides brindilles.

3e Heure
Que vous importe sa présence et sa faveur !

Il n'a pas encore manifesté la moitié de l'estime que vous lui accordez.
Soyez devant lui comme s'il n'existait pas.
Là est la clé de votre charme et votre puissance.

4e Heure
Le soleil se lève indifféremment sur les vivants et les morts.
En silence les astres glorieux agissent sur nous tous.
Que nous importe une faveur ou une autre,
Puisque les Dieux choisissent notre destin.

5e Heure
Encore une fois vous doutez !
Voulez-vous la clé qui vous assurera le succès ?
Redressez-vous et pensez à respirer.
Cultivez votre esprit et votre regard changera le monde autour de vous.

6e Heure
Il est normal que vous doutiez après ce qui s'est passé.
Vous n'avez pourtant pas changé.
Une invitation vous sera faite bientôt.
Acceptez-là et un signe inattendu vous sera manifesté.

7e Heure
Il est temps de passer quelques jours seul et en paix.
Jusqu'à ce que Diane montre sa pleine lumière dans le ciel
Pensez à autre chose et cherchez d'autres plaisirs.
La déesse vous donnera un signe.

8e Heure
Pourquoi êtes-vous restée silencieuse et effacée ?
Il est temps d'être vous-même.
Votre charme doit se révéler dans vos relations.
Laissez s'exprimer ce qu'il y a de meilleur en vous car vous êtes unique.

Oracle du Sud

1er Heure
La fatigue vous a progressivement envahi.
Ce n'est pas une attaque mais une faiblesse humaine.
Prenez soin de vous et reposez-vous.
La lumière et la vie reviendront vers vous.

2e Heure
Des esprits malsains se sont glissés près de vous.
Vous ne les reconnaissez pas car ils se sont cachés.
Il est temps pour vous de prier et méditer.
Dans la paix et le calme viendra la sécurité.

3e Heure
Vous avez su reconnaître les signes.
Lorsque la lune sera pleine dans un signe de feu,
Enflammez une bougie de cire d'abeille
et placez là sous la lumière de la Déesse.

4e Heure
Il n'y a rien de secret dans ce que vous vivez.
Cette fois, ne cherchez pas une cause.
Invoquez les Dieux, purifiez-vous et faites vos offrandes.
Ainsi le destin sera modifié.

5e Heure
Reconnaissez la force de votre charme naturel.
Il est bien plus fort que tout attaque sournoise.
Vivez et faites ce que vous aimez sans attendre.
Les influences malsaines ne pourront alors plus vous atteindre.

6e Heure
Oui, certains ne vous apprécient pas ;
De mauvaises pensées viennent vers vous
Vous pouvez les éviter si vous le souhaitez
Recherchez ce qui vous procure du plaisir et elles seront vaincues.

7e Heure
Non, les signes ne vous concernaient pas.
Malgré tout, restez prudent car la jalousie rode autour de vous.
Soyez vous-même ; vivez avec tact et gentillesse.
Tout cela les désarmera.

8e Heure
Le mal est partout dans le monde ;
Mais la lumière ne peut être rejetée lorsque le soleil se lève.
Que vos pensées soient comme le vent dissipant les nuages.
Le bien est aussi partout dans le monde.

Chapelle de Ptibiou

Oracle de l'Ouest

1er Heure
Si heureuse qu'à la fin votre bonheur vous fera tort,
Pour être il y a longtemps de votre sexe enviée ;
Mais ne soyez pour cela en l'âme ennuyée,
Car ce bonheur malgré eux sera jusqu' à la mort.

2e Heure
Toute votre jeunesse heureuse sera ;
Mais, comme au printemps de votre âge,
Vous opterez pour le mariage,
L'infélicité de vous s'emparera.

3e Heure
Votre gentille humeur, votre douce beauté,
Votre affable regard, votre grande sagesse,
Vous feront si heureuse et même en la vieillesse,
Que nul n'égalera votre félicité.

4e Heure
O pauvre infortunée, hélas ! Comme je vous plains !
Pourquoi, pourquoi faut-il qu'une si gentille âme
Ne reçoive point l'heure de l'amoureuse flamme,
Mais que vous soyez toujours malheureuse sur ce point ?

5e Heure
Réjouissez-vous, belle et ne vous fâchez pas
Si vous n'êtes actuellement pas heureuse :
Cela arrivera quand serez amoureuse,
Et ne vous quittera qu'avec votre trépas.

6e Heure
Ces beaux yeux pleins d'attraits vous rendront malheureuse
Car en faisant autant d'amis,
Ce seront à votre refus d'immortels ennemis,
Qui ne pourront garder fermée leur bouche injurieuse.

7e Heure
Le temps est enfin venu.
Acceptez la situation dans laquelle vous êtes.
Vous verrez que les choses changeront alors,
D'une façon totalement inattendue.

8e Heure
Votre regard a été faux et fuyant.
Demandez-vous pourquoi, c'est important.
Ainsi dans une lune, ces brumes seront levées
Et ne reviendront plus avant longtemps.

Oracle du Nord

1er Heure
Ne doutez nullement sur cette maladie ;
Il est hors de danger de recevoir la mort,
Et ceux qui l'ont jugé trouveront qu'ils ont tort :
Il a encore longtemps à vivre, quoi qu'on dise.

2e Heure
La fleur de si bel âge et sa verte jeunesse
Ne pourront, pour ce coup, de la mort le sauver :
Nul médecin ne peut l'en préserver ;
Il n'atteindra jamais une grande vieillesse.

3e Heure
Le sort le veut réserver pour sa repentance,
Et pour cela au monde un peu demeurera,
De cette maladie encore il ne mourra :
Il aura le temps d'avoir son espérance.

4e Heure
Pleurez, pleurez sa vie, elle est sans espérance ;
Il est malade au lit, d'où ne se relèvera,
Et il semble certain que ce coup il mourra.
Faites-lui néanmoins toujours bonne assistance.

5e Heure
Trois fois vous le tiendrez éteint entre vos bras,
Et trois fois vous croirez qu'il est privé de vie ;
Mais dans trois ans d'ici il vous fera envie
De le voir plus gaillard que vous ne le voudrez.

6e Heure
Ne pleurez plus sur lui si vous n'avez envie
Que l'on dit de vous que vous fâchez sa vie ;
Il ne saurait plus vivre, il a vécu assez :
Priez Dieu pour son âme et pour les trépassés.

7e Heure
Il est temps de sacrifier aux Dieux.

Quel que soit l'avenir, il faut humblement s'avancer,
Devant l'autel sacré et prier.
Ainsi le destin sera peut-être fléchi.

8e Heure

La prochaine lune sera la plus favorable.
Profitez de cela pour l'aider.
Ainsi les circonstances seront changées,
Pour le meilleur de sa situation.

Oracle de l'Est

1er Heure

Trop souvent vous attendez la réaction des autres.
Sachez que la plupart sont tournés vers eux-mêmes.
Ils ne regardent pas même celui à qui ils parlent.
Agissez comme si Dieu vous regardait.

2e Heure

Les Dieux vous regardent avec bienveillance.
Ce sont les hommes qui jugent et non les êtres divins.
Considérez l'avenir avec confiance car le soleil
Ne juge pas la nature qu'il éveille.

3e Heure

Vous avez dépensé tant d'énergie dans cela.
Prenez du repos et du plaisir à ce que vous aimez.
Votre tristesse s'éloignera alors de vous.
Le goût de la vie vous reviendra avec cette période de paix.

4e Heure

Le bienveillant Saturne est trop taciturne.
Cherchez le soleil associé à vénus pour regagner votre place.
Une étape du cycle ne dure pas éternellement,
La roue tourne et le soleil revient.

5e Heure

Voici venu pour vous le temps de voir un conseiller.
Il est des moments dans lesquels une main tendue
Est meilleure que la solitude et la peur.
N'attendez pas plus longtemps.

6e Heure

Vous avez pu croire que vous étiez triste.
Ce sentiment n'est pas le vôtre, il est à ceux qui vous entourent.
Abandonnez-le comme vous le feriez d'un vêtement usé.

Vous vous découvrirez alors un tout autre visage.

7e Heure
Il est de convention de critiquer et s'offusquer.
Cet esprit malsain et lourd enchaîne votre esprit.
Ne suivez pas ces exemples qui ne sont pas les vôtres.
Entourez-vous d'esprits positifs. Lisez et allez au concert.

8e Heure
Trop longtemps vous avez voulu suivre ce que l'on a choisi pour vous.
Le temps est venu de cesser et d'agir pour vous-même.
Ouvrez les yeux sur ce que vous aimez.
Agissez et parlez selon votre cœur, le soleil se lèvera sur votre vie.

Oracle du Sud

1er Heure
L'on ne vit pas qu'une seule fois.
Votre âme est descendue dans ce corps, conséquence de ce que vous étiez.
Vous devez aujourd'hui vivre avec ce que vous avez apporté.
N'ayez crainte car votre route est déjà bien avancée.

2e Heure
Pensez à la pluie d'orage.
Elle est faite de plusieurs gouttes qui ne sont rien en elles-mêmes.
Il en est ainsi pour vos maladies.
Le soleil est sur le point de poindre. Ayez confiance.

3e Heure
Tournez votre regard vers le monde.
Vous verrez que beaucoup d'autres individus vivent la même chose.
Il n'y a pas de justice sur tout cela.
Ni Dieu, ni le démon ne sont responsables.

4e Heure
Il est souvent difficile de prendre du recul.
Reposez-vous et laissez la nature agir pour votre bien
Adressez-vous au sage et suivez ses conseils.
De ces études passées, il vous conseillera.

5e Heure
Vous avez vécu d'une façon qu'il faut maintenant changer.
Cette vie matérielle ne vous correspond pas.
Soyez à l'écoute de votre corps.

De l'examen attentif des conséquences vous aurez votre réponse personnelle.

6e Heure

Comme le dit l'ancien sage : « Vous êtes ce que vous pensez. »
Trop longtemps votre esprit a été sans contrôle.
Priez et méditez. Élevez votre pensée vers le bien et le beau.
De ces sphères pures viendra le soulagement.

7e Heure

Tous ces problèmes sont là pour vous donner un enseignement.
Tel un maître qui répète une leçon avec insistance,
Ces maladies vous apportent un message venu de votre passé.
Écoutez ce qu'elles ont à vous apprendre et elles s'éloigneront.

8e Heure

Le soleil réapparaît toujours après l'orage
Et la nature profite de cette énergie céleste.
Voss maladies vont disparaître et la paix revenir.
Laissez passer cette tempête, votre repos est pour bientôt.

LE DESTIN

PREMIER TEMPLE

Première chapelle

Oracle de la 1ère Heure
Aux années climatériques, de la première jusqu'à sept,
Vous vous verrez si lasse et faible de nature
Qu'avec une grande chance vous ne mourez pas ;
Prenez pendant ce temps bien garde à votre état.

Oracle de la 2ème Heure
Votre beauté ne sera jamais si estimée
Que Rolland en devienne amoureux furieux,
Ni aucun paladin de ce temps amoureux,
Ni moins aimée que vous le serez.

Oracle de la 3ème Heure
Un qui aura eu dans sa famille une couronne
Vous fera accéder à nobles dignités,
Et vous fera régner en ces prospérités
Jusqu'au temps de la vie que l'on appelle Automne.

Oracle de la 4ème Heure
Si vous faites l'amour, sans doute
Dans neuf mois vous aurez un enfant ;
L'astre qui vous regarde en tout vous le défend ;
Si vous faites cela, vous irez sur une mauvaise route.

Oracle de la 5ème Heure
Le vin vous fera du tort, car inconsidérément
Vous le buvez, à votre grand dommage ;
Et il empêchera que, lors de votre mariage,
Vous fassiez ce qu'il faut y faire généralement.

Oracle de la 6ème Heure
Vous deviez ce matin, avant de vous maquiller,
Savoir que la journée à votre âme est fatale,
Car par vous ce jour il y aura du scandale,
Si vous ne savez pas vous garder de cela.

Oracle de la 7ème Heure

Depuis quatre ou cinq ans vous êtes tout changé ;
L'avarice vous ronge et suce la moelle,
Vous vous torturez pour les biens la cervelle,
Et si continuez, deviendrez enragé.

Oracle de la 8ème Heure

Si vous entreprenez de faire quelque ouvrage,
Vous serez du pays un petit ornement.
Écrivez donc comme vous le savez intelligemment,
On vous qualifiera le Phœnix de notre âge.

Deuxième chapelle

Oracle de la 1ère Heure

Qu'espérez-vous avoir d'un tel amant ?
N'espérez pas l'arrêter par vos pleurs,
Car c'est en vain que vous lui parlez de votre amour,
Vous ne pouvez l'avoir de nouveau pour le suivre.

Oracle de la 2ème Heure

Souvenez-vous d'un pont et d'un jour périlleux,
Car vous aurez ce jour le risque d'une chute,
D'un grand vide vous serez éblouie et sans que l'on vous heurte,
Pour vouloir passer seule un lieu si dangereux.

Oracle de la 3ème Heure

Plus vous penserez votre âme déliée
Par une astuce, en faisant l'ignorante,
Plus vous laisserez voir que vous êtes savante
Vous ne pourrez pas combler votre amour.

Oracle de la 4ème Heure

Vous connaitrez la faute après l'avoir commise ;
Vous vous repentirez, mais il ne sera temps ;
Pour un fait vous serez deux mécontents,
Car l'amour en ces faits ne vous favorise pas.

Oracle de la 5ème Heure

Vous aurez de la peine et de l'ennui beaucoup
A pouvoir vous résoudre à souffrir une absence ;
Mais, étant résolue à la persévérance,
Ce que vous en voulez, vous viendra tout à coup.

Oracle de la 6ème Heure

Le Ciel ne vous sera pas favorable comme il le fut,

Ainsi pour vous tout ira désormais dans le mauvais sens ;
Espérez, dessinez, vos jours seront trop cours,
Et trop longs pour ne pas être à la fin honorable.

Oracle of the 1° Hour
What do you hope to obtain from such a man?
Do not expect to stop him by your tears.
It is in vain that you speak to him about your love.
You cannot come back to him.

Oracle of the 2° Hour
Remember to be careful in dangerous places,
Because you will have a risk of falling.
From a large emptiness you will be dazzled without being hurt,
To go through this place so dangerous.

Oracle of the 3° Hour
The more you think your soul is free
The more you will be reminded of your body
But be careful that your intelligence
Does not oppose your feelings.

Oracle of the 4° Hour
You will know the error after doing it.
You will repent, but it will be too late.
For a fact you'll both be unhappy.
Remember, love is a delicate feeling.

Oracle of the 5 ° Hour
You will have a lot of pain and fatigue.
We must accept suffering that comes from absence.
But with perseverance,
You will get what you want.

Oracle of the 6° Hour
Your destiny will be as favorable as wished.
It will seem that things are going in the wrong direction.
Hope and pray.
The end will be better than you imagine.

Oracle of the 7° Hour
The next few days will surprise you.
Be receptive to what surrounds you.
A tall person will talk to you
And what he will say will help you.

Oracle of the 8° Hour
Consider the past days.
The answer to your question is there.
It is from there that you will be able to see
Things differently and make plans.

Troisième chapelle

Oracle de la 1ère Heure
Vous faites la rétive et voulez que l'on pense
Que l'amour et tous ses traits ne vous plairont jamais ;
Vous devez changer de propos désormais,
Car contre son effort vous serez sans défense.

Oracle de la 2ème Heure
Vous serez avant terme mère d'un bel enfant,
Mais si secrètement que nul ne le saura,
Si ce n'est par l'enfant qui lui-même le dira,
Se vantant de savoir par vous qui est son père.

Oracle de la 3ème Heure
Vous serez bien aimée, un temps à l'avenir,
Et même de ceux-là qui ne le racontent pas ;
Apaisez votre humeur, ne soyez pas si prompte,
Il vous faut de tout cela vous souvenir.

Oracle de la 4ème Heure
Vous connaitrez l'erreur après l'avoir commise :
Vous vous repentirez de n'avoir rien aimé,
Et d'avoir enduré que ce soit terminé
Pour ne pas lui avoir accorder une faveur.

Oracle de la 5ème Heure
Vous demeurerez seule ainsi comme vous faites
Si vous ne modérez le cœur que vous avez,
Car d'avoir un ami, cela vous ne le pouvez,
Tant que serez en l'humeur que vous êtes.

Oracle de la 6ème Heure
Un jour que vous jouirez une discrétion
Avec un inconnu pour en vos filets le prendre,
Vous vous tromperez, il vous faudra le rendre,
Et ferez ainsi faux-bond à votre affection.

Oracle de la 7ème Heure
Vous irez dans trois mois pour faire une visite

Qui vous fera perdre toute la liberté ;
Ne craignez toutefois d'en être maltraité,
Mais bien de ceux qui sont d'ordinaire à sa suite.

Oracle de la 8ème Heure
Vous êtes né petit, mais Fortune vous garde
Pour être quelque jour et grand et bienheureux,
Jusqu'à vous voir assis aux plus éminents lieux,
Car un astre bénin de bon œil vous regarde.

Quatrième chapelle

Oracle de la 1ère Heure
Vous payerez le prix à votre cruauté,
Et il ne vous servira pas pour cela d'être belle,
Car vous devez être moins cruelle,
Si vous continuez votre infidélité.

Oracle de la 2ème Heure
Hélas! Vous causerez la mort de votre mère,
Et si de l'éviter n'est pas en votre pouvoir,
Pour pouvoir lui taire ce qu'elle doit savoir,
Et elle pour ne pas le dire à votre père.

Oracle de la 3ème Heure
Vous partirez d'un lieu où la fortune vous sourit,
Pour vous mettre loin d'elle en une autre contrée ;
Mais vous y serez mal traitée,
Et vous le regretterez.

Oracle de la 4ème Heure
Vous serez par contrainte emmenée,
Les pleurs que vous aurez n'y feront rien ;
C'est pour votre bien tout ce qu'ils font :
Ne soyez pas envers eux trop fâchée.

Oracle de la 5ème Heure
Tournez ailleurs vos yeux, perdez ce souvenir,
Vous avez trop aimé, on vous en doit l'échange ;
Faites comme l'on fait, changez quand on vous change :
Voilà comment vous devez faire à l'avenir.

Oracle de la 6ème Heure
Votre humeur semble être prête à aimer,
Et crois qu'un bon ami vous sera convenable ;
Croyez-moi donc, aimez quelqu'un d'aimable,

Vous vous ferez toujours d'un amant estimer.

Oracle de la 7ème Heure
Vous ne gagnerez point la place au cœur des dames,
Vous êtes trop superbe et trop audacieux,
Et puis vous n'avez pas de quoi être glorieux :
C'est pourquoi vous serez toujours délaissé des femmes.

Oracle de la 8ème Heure
De vivre longuement l'âge vous n'atteindrez,
Mais par vos actions le feston de la gloire,
Et si heureusement à cela parviendrez
Que sur les plus heureux vous aurez la victoire.

Cinquième chapelle

Oracle de la 1ère Heure
Le Ciel ne vous promet aucun bien en ménage,
Et de votre mari toute méchanceté ;
Évitez donc le coup de cette anxiété,
Pour, si vous pouvez, ne pas accepter cette année le mariage.

Oracle de la 2ème Heure
Ces jours vos yeux verront un petit Adonis,
Dont l'âge sera encore tendre,
A qui vous jurerez d'aimer d'amour extrême,
Secrètement en votre cœur jusqu'à ses vingt ans.

Oracle de la 3ème Heure
Vous devez courir fortune dans les trois mois,
Car d'un petit poison on attentera à votre vie ;
Défiez-vous de ceux qui vous portent envie :
On a déjà failli vous le faire une fois.

Oracle de la 4ème Heure
Vous serez à l'honneur par un de vos parents,
Et puis en déshonneur et par lui méprisée
Tant que vous serez par autant de monde la risée
Pour faire vos effets un peu trop apparents.

Oracle de la 5ème Heure
Oubliez l'idée d'être jamais heureuse :
Vous êtes née au monde en toute affliction,
Si les Dieux n'ont pitié de votre passion,
Qui vous porte à être folle amoureuse.

Oracle de la 6ème Heure
Vous serez trompée dans quelques jours par celui
Qui se dit tous les jours votre ami le plus fidèle :
Gardez-vous de tomber dans ses filets,
Il est le plus malin des hommes d'aujourd'hui.

Oracle de la 7ème Heure
Vous pouvez bien dire adieu à votre chère liberté,
Et pour jamais d'Amour esclave vous rendre,
Car en vain chercherez contre lui à vous défendre :
Vous serez amoureux plus qu'homme n'a été.

Oracle de la 8ème Heure
Poursuivez de vos travaux l'heureuse jouissance,
Vous en viendrez à bout à votre contentement ;
Mais vous n'en jouirez qu'un an seulement,
Car la mort à l'amour fera voir sa puissance.

Sixième chapelle

Oracle de la 1ère Heure
On dira de vous que le bien que vous avez
Ne peut vous être héréditaire,
Que vous avez perdu l'enfant comme le père,
Et vous leur montrerez comment autrement vous pouvez.

Oracle de la 2ème Heure
Vous aurez un procès de bien grande importance,
Ou bien le conseil d'un ami vous sera bien utile,
Il faut croire en tout et non croire à demi,
Car vous le gagnerez si vous avez de la chance.

Oracle de la 3ème Heure
Ne craignez en rien la fortune mouvante,
Ni ce qu'elle a de présage mauvais,
Dans peu de jours le plus cher de vos souhaits
S'accomplira et vous serez contente.

Oracle de la 4ème Heure
Vous capturerez un des plus grands hommes célèbres,
Qui, en passant, vous a vue
Et ceci fera tant qu'après quelques jours,
Vous ferez une belle alliance d'amour.

Oracle de la 5ème Heure
Vous voudrez que votre cœur de l'amour soit déserté,

Et vous ferez tous vos efforts pour l'en distraire ;
Mais votre humeur y est contraire :
On vous verra toujours en amour persister.

Oracle de la 6ème Heure
Vos serez d'une humeur peut commune,
Vous jouirez sans plaisir du bien que vous avez,
Et de celui des autres aussi si pouvez,
Sans toucher à que l'on diffame.

Oracle de la 7ème Heure
Toujours contre Fortune il faut avoir bon cœur,
Ne s'émouvoir du choc qu'à l'abord elle donne.
Ne craignez rien, poursuivez-la, jamais ne l'abandonnez :
Vous vous verrez enfin de son cœur le vainqueur.

Oracle de la 8ème Heure
Espérez hardiment et ne vivez en crainte :
Les bourrasques s'en vont et passent comme le vent.
Vous le verrez en vous et comme bien souvent
L'homme succombe au mal faute de faire pointe.

Septième chapelle

Oracle de la 1ère Heure
Ne vous réjouissez point de penser posséder
Ce que vous avez acquis avec si peu de peine ;
En bref vous connaitrez que votre attente est veine,
Et qu'il est difficile cette femme de garder.

Oracle de la 2ème Heure
Vous promettez la foi du mariage
A une belle fille afin de la tromper ;
Mais vous ne pourrez pas pour ce coup l'attraper,
Ainsi à votre honneur vous ferez du dommage.

Oracle de la 3ème Heure
Vous serez suscité de faire une folie,
Que vous entreprendrez un peu légèrement,
Sous l'espoir de vous faire estimer un amant
Qui ne peut refuser celle-là qui le lie.

Oracle de la 4ème Heure
C'est à vous de vouloir hautement entreprendre,
Qui avez un esprit au-dessus de tout élevé.
Le Ciel vous a ce don et mille réservé

Pour, heureux, mettre à chef ce que voulez prétendre.

Oracle de la 5ème Heure
Vous serez élevé dans trois ans en grandeur,
Car on reconnaîtra l'honneur mérité
Et sans que vous en fassiez une longue poursuite,
Vous serez d'un pays nommé Ambassadeur.

Oracle de la 6ème Heure
Gardez-vous bien du jour du vendredi :
Il vous est mauvais en toutes vos affaires,
Et si ce ne vous sont des choses nécessaires,
Pensez de ne rien faire au jour que je vous dis.

Oracle de la 7ème Heure
Abandonnez le monde et n'en attendez rien,
Fuyez ; vous avez perdu toute votre renommée,
Et votre descendance en sera pour jamais diffamée,
Car un né comme vous ne saurait faire bien.

Oracle de la 8ème Heure
N'ayez pas peur des assauts que l'on vous donnera.
Un que vous aimez bien vous réduira paisible,
Et selon vos souhaits tout vous sera possible,
Car le mal qu'on vous veut tôt s'évaporera.

Huitième chapelle

Oracle de la 1ère Heure
Vous avez beau songer creux et faire le fâché,
Votre mal ne touchera le cœur de votre maîtresse ;
Faites plutôt le joyeux, feignant l'allégresse :
Son cœur de votre amour ne sera point touché.

Oracle de la 2ème Heure
Voyagez sans séjour aux pays étrangers,
Suivez votre fortune, abandonnez le pays,
Vous ne devez y avoir nulle espérance ;
Si vous y demeurez, vous courrez cent dangers.

Oracle de la 3ème Heure
Dans un an au plus tard et sans difficulté,
Vous jouirez heureux de votre douce attente ;
Ne plaignez donc ce temps, quoi qu'il soit limité :
Tout vient assez à temps qui notre cœur contente.

Oracle de la 4ème Heure
Pourchassez vivement, car c'est bien le moment
Pour posséder votre maîtresse ;
Vivez donc désormais joyeux et sans tristesse :
Vous vous verrez au lit avec elle un long temps.

Oracle de la 5ème Heure
Votre orgueil vous fera recevoir un affront
Dans la profession que vous désirez parfaire,
Et ce même par ceux qui portent sur le front
La colère qui contre vous les pousse à ce faire.

Oracle de la 6ème Heure
Vous voulez entreprendre une chose bien grande
Pour en venir à bout, comme vous l'entendez ;
Mais le tout autrement que ne le prétendez
Réussira, car le sort en commande le contraire.

Oracle de la 7ème Heure
Vous vous considérez immortel et croyez certainement,
Pour quelque petit prix que vous avez de louange,
Qu'on vous doit ici-bas révérer comme un Ange ;
Mais vous ravalerez cette folle pensée.

Oracle de la 8ème Heure
Différez encore un peu de faire votre voyage :
Ce qu'on fait contre vous par le temps s'oubliera,
Et puis quelque beau fait votre renom publiera,
Qui vous fera connaitre au monde davantage.

SECOND TEMPLE

Première chapelle

Oracle de la 1ère Heure
Vous êtes belle au regard de tout le monde,
Vous êtes riche, sage et avenante,
Mais ce bonheur n'est que pour maintenant,
Car le malheur fera sur vous la ronde.

Oracle de la 2ème Heure
On pourra surement, belle, vous épouser
Sans crainte que jamais ailleurs on aille
Votre fort est paré d'une telle muraille

Que l'on n'osera pas venir y flâner.

Oracle de la 3ème Heure
Quoi qu'il vous le soit défendu,
Vous serez si prompte à complaire à la nature
Qu'au moindre attouchement,
Vous ferez ouverture à monsieur Pryapus.

Oracle de la 4ème Heure
On vous accusera d'être méchante magicienne,
Et pour cela serez quelque peu tourmentée ;
De vous dire pourquoi, ce n'est pas la raison ;
Si ce n'est le rapport d'une connaissance ancienne.

Oracle de la 5ème Heure
Vous logerez en vous un cœur cautérisé,
Une âme vile et basse et plaine de feinte,
Et penserez ainsi tout faire à votre guise,
Mais seul votre cœur en sera abusé.

Oracle de la 6ème Heure
Vous plaindrez la beauté que verrez asservie
A un riche mari, âgé, malade et jaloux ;
Ce mal vous arrivera ainsi que beaucoup de coups,
Car vous serez un jour par un tel homme servie.

Oracle de la 7ème Heure
Vous pensez par l'absence accroître votre amour,
Et donner du souci à votre belle maîtresse :
Ne vous abusez pas, il faut qu'elle vous laisse
Pour choisir celui qui la voit chaque jour.

Oracle de la 8ème Heure
Vous serez par malheur atterré d'un cheval,
Et mêmes en danger pour cela de la vie.
De monter sans montoir qu'il ne vous prenne envie,
Car c'est d'où peut venir la cause de ce mal.

Deuxième chapelle

Oracle de la 1ère Heure
La fureur d'un parent pour l'avoir dédaigné
Vous influencera ainsi que votre vie,
Et ceci, pour n'avoir pas assouvi son envie,
Ou pour avoir de vous ce qu'il a désigné.

Oracle de la 2ème Heure

Vous serez vivement poursuivie
D'un qui vous aimera jusqu'au bout ;
Mais, si dans ce temps-là ne le contentez pas,
Vous ferez peu de cas après de votre vie.

Oracle de la 3ème Heure

Vous serez pour un an, extrêmement contente,
Et passerez joyeusement votre vie,
Mais j'ai peur que la mort, qui envie votre vie,
Limite en ce temps votre contentement.

Oracle de la 4ème Heure

Ce que tant de fois vous avez souhaité
Dans peu réussira pour vous rendre contente.
Bien que vous en ayez quasi perdu l'attente,
Il fera tout ainsi que l'avez projeté.

Oracle de la 5ème Heure

Vous aspirez à un bien que ne pouvez atteindre,
Vous souhaitez ce que vous n'aurez jamais ;
Abandonnez l'idée de l'avoir désormais,
Et de contraindre la fortune à le faire.

Oracle de la 6ème Heure

Vous pouvez bien encore un peu dissimuler
Ce que vous cachez et retenez mal ;
Mais vous deviendrez bonne au lieu d'être mauvaise,
Et fort courtoisement vous vous laisserez aller.

Oracle de la 7ème Heure

Vous êtes un voleur à toute voilerie,
Mais en fin gardez-vous de celle du faucon,
Et encore plus fort de celle d'un flacon,
Car vous y serez pris par une piperie.

Oracle de la 8ème Heure

Vous serez pour le moins sept mois et davantage
Sans pouvoir avec votre belle au lit y arriver ;
Vous y aurez beau mettre un quadruple oreiller,
Son rempart est plus fort que n'est votre courage.

Troisième chapelle

Oracle de la 1ère Heure

Ce qui vous gagnera, ce sera de l'argent,

Et par lui chacun aura votre accointance,
Pour lui vous donnerez sur votre corps puissance.
Qui vous captivera, ce sera ce sergent.

Oracle de la 2ème Heure
Vous languirez un temps en attente ;
Mais réjouissez-vous, car ceci arrivera,
Et l'année déjà commencée ne sera pas finie
Que vous en serez en votre âme très contente.

Oracle de la 3ème Heure
Vous serez en amour pleine de hardiesse,
Recevant au combat ceux qui viendront s'offrir,
Désireuse de vaincre et jamais ne souffrir
Qu'aucun, tant soit vaillant, vous gagne de prouesse.

Oracle de la 4ème Heure
Vous serez éperdument amoureuse d'un homme
Mais ne voudrez jamais lui faire savoir,
Aussi longtemps que vous le pourrez
Et vous parviendrez à contrôler le désir qui vous consume.

Oracle de la 5ème Heure
Ne craignez pas trop les rayons du soleil,
La lune et le temps qui font que le teint passe :
Car votre beauté, qui efface les autres,
N'affectera pas votre bonheur, qui est sans pareil.

Oracle de la 6ème Heure
Vous voulez que le Ciel s'émeuve de vos plaintes,
Et criez hautement que c'est avec raison
Qu'il doit punir celui qui vous a trahi :
Croyez que vous serez vengée de ses feintes.

Oracle de la 7ème Heure
La beauté vous plait fort de cette finette,
Le port de la jeunette et au parler gracieux.
Ses yeux, charmes d'amour, d'où sortent mille feux ;
Mais à nulle des deux ne ferez la causette.

Oracle de la 8ème Heure
Souvenez-vous du bonheur que reçut AEneas
De la chère Didon, par une douce pluie.
Autant vous en adviendra pour soulager votre vie,
Car par un même sort d'elle vous jouirez.

Quatrième chapelle

Oracle de la 1ère Heure

Vous n'aurez d'autre soin
Que celui de pourvoir à votre petit ménage ;
Voilà ce que vous fera le pauvre mariage,
Car bien le gérer vous en aurez besoin.

Oracle de la 2ème Heure

Différez le désir que vous avez en l'âme,
Et n'effectuez pas comme vous l'avez pensé ;
Autrement vous verrez votre honneur blessé,
Et vous serez à jamais tenue pour infâme.

Oracle de la 3ème Heure

Vous ne serez cruelle envers aucun de vos amis,
Ils ne s'en plaindront pas, mais vous serez si débonnaire
Chaque jour qu'ils se lasseront de le faire,
Pendant que comme à vous le faire soit permis.

Oracle de la 4ème Heure

Si vous fûtes jamais d'un ami désireuse,
Prenez celui que vous avez vu en songeant l'autre nuit :
Jamais d'un bon conseil la croissance ne nuit ;
Prenez-le pour ami si voulez être heureuse.

Oracle de la 5ème Heure

Dans six mois votre ami rentrera dans les Ordres
Si vous n'avez pitié de lui et de sa vie,
Et qu'à vous comme à lui ne prenne cette envie
De faire un peu cela, pour rompre son dessein.

Oracle de la 6ème Heure

Vous les choisirez mal pour les prendre aux gros nez :
Les gros nez ne sont bons qu'à porter des lunettes ;
Il faut regarder à l'endroit de leurs braguettes.
Mais c'est que ces malheurs vous sont prédestinés.

Oracle de la 7ème Heure

Votre maison sera grande et ne vous formalisez
Des nobles actions que votre femme y fera :
Ce sera le moyen qui plus l'enrichira.
S'enquérir comment ce serait votre sottise.

Oracle de la 8ème Heure

Qu'espérez-vous enfin d'une si longue absence ?

Qu'elle vous ôte du cœur ce qu'Amour y a mis ?
Ne vous abusez pas, l'Oracle de Themis
Dit qu'Amour suspend en tout temps l'oubliance.

Cinquième chapelle

Oracle de la 1ère Heure
En passant à cheval le gué d'une rivière,
Un éblouissement vous y fera tomber
Si bien que vous verrez votre pied s'embourber,
Mais vous vous sauverez heureusement.

Oracle de la 2ème Heure
Vous êtes née au monde afin de dominer,
Et pour sur les cœurs avoir cette puissance,
L'astre qui domina lors de votre naissance
Vous a voulu donner ce bien en particulier.

Oracle de la 3ème Heure
Soyez le moins possible dans la rue
Durant le mois de mars, quand il fera grand vent ;
Vous courrez ce danger qu'une tuile d'auvent
Comme elle vous menace, en tombant ne vous tue.

Oracle de la 4ème Heure
Un soir que vous serez en plein désespoir
De n'avoir jamais rien de ce qui vous contente,
Ce même soir sera la fin de votre attente,
Et vous aurez ce que vous désirez avoir.

Oracle de la 5ème Heure
Vous serez entraînée un soir de sortie,
Par quelques-uns mal intentionnés ;
Vous serez mise au lit avec eux toute nue,
Puis ils vous relâcheront sans vous faire d'autre mal.

Oracle de la 6ème Heure
Vous croyez que bientôt auront lieu vos fiançailles,
Et que rien ne peut vous priver de cela ;
Mais la fortune contraire sera là,
Car plutôt on verra des funérailles.

Oracle de la 7ème Heure
Souvenez-vous que toujours vous serez malheureux
Le jour suivant la nuit que ce grand Dieu Morphée
Vous aura fait jouissant ; mais n'en faites pas trophée :

Vous ne serez jamais en veillant si heureux.

Oracle de la 8ème Heure
Ce teint si délicat, cette peau si douillette,
Ces yeux étirés, ce corps si menu,
Fait que vous ne serez desdDames reconnu
J'entends pour faire bien une couchette.

Sixième chapelle

Oracle de la 1ère Heure
Celui qui si longtemps est absent de vos yeux,
Et que vous chérissez le plus dans votre âme,
Vous le reverrez bientôt et toujours pour être sa dame
Vous serez celle qu'il aimera le mieux.

Oracle de la 2ème Heure
Votre beauté ne durera guère,
Car dans quelques mois elle se flétrira ;
Donc, pendant que ce temps durera,
Faites la paix au lieu de la guerre.

Oracle de la 3ème Heure
Un souvenir rallumera dans votre âme
Le plaisir de l'amour de vos amis passés,
Et ceux qui ont de vous étés si caressés
Feront revivre en vous une plus vive flamme.

Oracle de la 4ème Heure
Abstenez-vous désormais de la chasse,
Ne montez plus à cheval pour ce fait :
Car, si le Ciel met son ire à effet
Un grand mal vous pourchasse.

Oracle de la 5ème Heure
Votre beauté sera la cause de la mort
De celui qui vous aime et vous chérit en son âme,
Car vous mépriserez son amoureuse flamme,
Et mourant pour vous, vous lui donnerez le tort.

Oracle de la 6ème Heure
Pour un malheureux sort, avant qu'il soit six mois,
Vous serez en danger bien fort de votre vie,
Et si vous ne mourez, vous en perdrez l'ouïe :
C'est le moins qui vous peut arriver cette fois.

Oracle de la 7ème Heure
Vous ne ferez jamais en la nuit un bon songe
Qu'au jour ne receviez une infélicité ;
Et le pire pour vous, c'est que la vérité
Vous trouverez du mal et du bien au mensonge.

Oracle de la 8ème Heure
Révérez dignement le beau nom de votre dame,
Que vos vers l'éternisent et le rendent immortel ;
Dressez-lui de votre cœur un vénérable autel :
Vous serez aimé d'elle ainsi comme son âme.

Septième chapelle

Oracle de la 1ère Heure
Ce qui vous met en peine est le bien déjà passé,
Et vous voir retranché des faveurs d'une dame ;
Ne vous en fâchez pas, un jour sera sa flamme
Aussi grande envers vous qu'elle fut dans le passé.

Oracle de la 2ème Heure
Servez-vous de ce temps et n'attendez pas que l'heure
Qui peut vous rendre heureux coule inutilement :
Car la Fortune est chauve, ou vous saurez comment,
En la perdant, ne pourrez la rencontrer meilleure.

Oracle de la 3ème Heure
Vous aurez d'être en peine et de courir Fortune,
Et qui plus est encore, de vos plus chers amis,
Pour un fait criminel qu'un autre aura commis,
De quoi vous sortirez par la voie commune.

Oracle de la 4ème Heure
Gardez-vous bien d'aimer, c'est chose dangereuse
A ceux qui ont un peu le cerveau plein de vent,
Le vôtre en est rempli, car vous croisez souvent
Les chimères qui sont dans votre tête creuse.

Oracle de la 5ème Heure
Vous pouvez bien jouer et passer votre temps
Soit aux dés, à la paume, au jeu de balle,
Car pour les femmes, il n'y a rien qui vaille
J'entends qui soit en vous pour bien payer content.

Oracle de la 6ème Heure
Vous aurez mille biens d'amour en amour,

Car vous serez discret beau-fils, prudent et sage,
Avec tout cela vous aurez du courage ;
Ces choses vous feront être heureux un jour.

Oracle de la 7ème Heure
Vous serez, sans mentir, un jour grand personnage,
Si les lignes de la main ne sont pas fausses.
On reconnaît en vous qu'il n'y a nul défaut,
Que, si vous vivez longtemps, vous serez homme sage.

Oracle de la 8ème Heure
Vous attendez en vain de ce temps quelque chose,
Servez, courez, briguez, peu vous profitera ;
Patientez un an, tout vous réussira,
Et vous verrez en lui quelque métamorphose.

Huitième chapelle

Oracle de la 1ère Heure
Vous serez en amour trahi par votre ami,
Qui vous délaissera au temps plus nécessaire ;
Il rompra vos desseins pour faire son affaire,
Et ne se souciera pas d'être votre ennemi.

Oracle de la 2ème Heure
Vous serez un jour dans votre maison
Agressé par un ou deux domestiques,
Car il y a longtemps qu'ils trament ces pratiques,
Et n'attendent qu'à trouver la bonne saison.

Oracle de la 3ème Heure
Qu'un refus ne vous fasse, après si longue attente,
Éloigner d'où procède en fin votre bonheur ;
Ne vous procurez pas vous-même ce malheur :
Vous en devez avoir un jour l'âme contente.

Oracle de la 4ème Heure
Vous serez en crédit auprès d'un homme riche,
Et des plus Grands qui soient dans votre pays d'enfance,
Qui fera qu'on aura de vous telle croissance
Qu'on vous rendra, comme à lui, tout honneur.

Oracle de la 5ème Heure
Vous serez poursuivi rudement par la Justice,
Et des biens de ce monde on vous appauvrira ;
Mais l'un de vos amis le tout recouvrira,

Et de vos ennemis fera punir le vice.

Oracle de la 6ème Heure
Vous serez honoré parmi les étrangers
Pour votre bel esprit et pour ne vous connaitre ;
Mais en votre pays vous ne pourrez pas y être
Sans encourir la mort par cent mille dangers.

Oracle de la 7ème Heure
Vous verrez que l'Amour, qui vous travaille l'âme,
En vain ne se sera logé dans votre cœur.
Il est de tous les Dieux le maitre et le vainqueur ;
Il vous fera jouir un jour de votre dame.

Oracle de la 8ème Heure
Vous êtes né pour être trompé,
Et le vrai vous est inévitable.
Souciez-vous de tenir bonne table,
Et envers votre femme à bien vous comporter.

TROISIEME TEMPLE

Première chapelle

Oracle de la 1ère Heure
Vos yeux vous serviront d'hameçons et d'appas,
Par eux vous serez d'un chacun tant voulue ;
Mais, avant que l'année en vous soit révolue,
Ils causeront à un comme à vous le trépas.

Oracle de la 2ème Heure
Pour vous dire le vrai, vous êtes menacée
De milles accidents qui vous arriveront,
Si la facilité du destin ne se rompt ;
Ne faites pas ce à quoi vous pensez.

Oracle de la 3ème Heure
Huit ans vous serez pauvre et de biens, dépourvue
Mais durant ce temps-là vous économiserez tant
Qu'après vous pourrez vivre avec l'esprit content
De vous voir autrement que vous vous êtes vue.

Oracle de la 4ème Heure
Prenez votre plaisir avec votre ami,
Folâtrez librement et soyez sans crainte ;

Pour la peur de grossesse, ne le faites pas à demi
Car jamais de lui vous ne serez enceinte.

Oracle de la 5ème Heure
Vous serez quelques jours, en un lointain pays,
Dame d'un grand seigneur et maitresse de ses biens ;
Vivez ce bonheur en toute allégresse,
Il en sera beaucoup surpris.

Oracle de la 6ème Heure
Vous êtes en forme, vous dormez à votre aise ;
Mais, quand l'amour fera dans votre cœur son nid,
Et que vous le verrez, amoureuse, au zénith,
Vous apprendrez combien une nuit peut être différente.

Oracle de la 7ème Heure
Mille perfections honorent votre grâce,
Mille lauriers au front vous servent d'ornement,
Et le monde est ravi de vous voir seulement.
Vous serez le soutien de tous vos parents.

Oracle de la 8ème Heure
Vous avez reçu de Fortune trop de biens,
Il faut contribuer cette fois à la mauvaise.
Préparez-vous y donc, car de ses durs liens
Dans peu vous ressentirez le malaise.

Deuxième chapelle

Oracle de la 1ère Heure
Si vous n'avez pitié de votre pauvre vie,
Cette fleur de beauté bientôt sera flétrie,
Et votre belle humeur peu à peu s'en ira,
Par le cours d'une maladie que je vois.

Oracle de la 2ème Heure
Vous aurez agréable une longue recherche,
Et prendrez du plaisir à vous voir courtiser ;
Mais cela vous fera être par beaucoup méprisée,
Et croire que chacun peut pécher dans votre étang.

Oracle de la 3ème Heure
Vous vous repentirez de n'avoir davantage
Fait séjour au pays de vous tant souhaité ;
Vous maudirez le jour que vous l'avez quitté,
Et d'avoir fait ailleurs votre mariage.

Oracle de la 4ème Heure
Ce que si longuement vous aurez attendu
Le retour de celui qui vous aime si fort
Ne sera pas d'un an et pouvez bien encore
Dire que pour vous ce temps est perdu.

Oracle de la 5ème Heure
Rassérénez vos yeux, belle âme
Et cessez ces pleurs qui les vont consommant ;
Vous aurez dans sept jours votre contentement
Pour éteindre le feu d'amour qui vous enflamme.

Oracle de la 6ème Heure
Pour trop faire la bigote
Et fréquenter peu vos amis,
La troupe de vos ennemis
Dira qu'un domestique vous bécote.

Oracle de la 7ème Heure
L'amour que si souvent vous avez rejeté
A repris sa racine en votre fantaisie,
Gardez-vous d'entrer en frénésie :
Vous serez pire encore que vous n'avez été.

Oracle de la 8ème Heure
Suivez votre fortune et n'abandonnez pas
Le bonheur qui vous suit et la persévérance ;
Qu'un dédain ne vous fasse entrer en méfiance ;
Ne ralentissez pas pour ce coup votre pas.

Troisième chapelle

Oracle de la 1ère Heure
Vous serez longuement en une frénésie
De vous abandonner aux plaisirs de Vénus ;
Mais, comme ils seront par d'autres reconnus,
Un jour vous en fera passer la fantaisie.

Oracle de la 2ème Heure
Vous serez à votre aise à peu de temps d'ici,
Car il vous adviendra de fort bonnes nouvelles ;
Des biens et de l'honneur vous recevrez par elles :
Mettez donc désormais de côté tout souci.

Oracle de la 3ème Heure
Vous serez par malheur des vôtres séparée,

Et passerez ainsi le reste de vos jours
En deuil et déplaisir, solitaire toujours,
Sans qu'un seul jour de fêtes on ne vous voit parée.

Oracle de la 4ème Heure
La guerre vous fera vivre heureuse en ce monde
Pour quelques jours elle sera en votre faveur.
Mais après vous aurez un sinistre malheur,
Car elle vous ôtera celui qui vous seconde.

Oracle de la 5ème Heure
Vous penserez cacher votre amoureuse flamme
Pour dire que l'amour n'a sur vous nul pouvoir ;
Il est trop grand seigneur pour ne pas se faire voir
Quand il est installé en une si belle âme.

Oracle de la 6ème Heure
Vous serez dans un monastère avant la fin de l'année
Si vous continuez dans cette direction ;
Mais je dis que le temps, qui toute chose efface,
Vous fera plutôt faire une très belle union.

Oracle de la 7ème Heure
Vous ferez bonne mine avec ce mauvais jeu,
Pour tromper, si vous pouvez, quelque jeune demoiselle ;
Mais vous serez déçu par une qui n'est plus telle,
Si vous continuez de jouer votre jeu.

Oracle de la 8ème Heure
Vous pensez, pour avoir un peu de rhétorique,
Savoir mieux comme il faut les dames conquérir ;
Mais cela vous fera moins les séduire,
Car vous n'aurez jamais pour cela leur pratique.

Quatrième chapelle

Oracle de la 1ère Heure
Pendant que vous serez près de votre mère,
Que vous aurez toujours pour guide son conseil,
En tout vous prospèrerez ; mais, loin d'elle,
Vous ressentirez du monde la misère.

Oracle de la 2ème Heure
Si tôt que vous serez conjugalement prise,
Vous pouvez dire : adieu tout plaisir amoureux !
Car vous épouserez un homme soupçonneux

Qui voudra que vous fassiez tout à sa guise.

Oracle de la 3ème Heure
Vous aurez une pensée qui troublera votre âme,
Sans vouloir à quiconque vous en ouvrir ;
Encore quelques jours tentez de le couvrir,
L'amour l'étouffera dans l'amoureuse flamme.

Oracle de la 4ème Heure
Vous pourrez bien jouir des plaisirs de l'amour,
Même le faire avec le plus habile,
Vous ne serez jamais découverte pour femme
Ayant la réputation de n'en savoir aucun tour.

Oracle de la 5ème Heure
Ne vous fiez pas tant en la discrétion
Que vous pensez avoir en votre amour secret ;
Selon mon jugement, vous serez découverte,
Et le monde jouira de cette révélation.

Oracle de la 6ème Heure
Vos yeux, par leurs attraits et leur tromperie,
Vous ont par le passé acquis mille amoureux ;
Mais aucun d'eux n'en sera maintenant désireux,
Et vous ressentirez seulement leur moquerie.

Oracle de la 7ème Heure
Votre tête légère et prompte au changement
Guide comme il lui plait votre cœur à sa guise :
Cela vous fera pauvre et vendrez votre chemise
Si vous ne savez-vous retenir sagement.

Oracle de la 8ème Heure
La Fortune jamais ne vous sera propice
Pour avoir une fois failli à recevoir,
Et vous ne verrez plus en vos mains le pouvoir
De vous récompenser par un si bon office.

Cinquième chapelle

Oracle de la 1ère Heure
Ce que vous aimez le plus, vous l'aurez en mépris
Quand vous aurez de lui plus de connaissance,
Et bannirez de vous cette folle espérance
Il méritait l'amour des belles à grands prix.

Oracle de la 2ème Heure
A qui vous désirez vous joindre par envie,
Vous l'aurez par bonheur dans six mois accomplis,
Qui seront d'infortune et de malheurs remplis ;
Mais ce mal vous donnera la vie.

Oracle de la 3ème Heure
Vous avez toujours peur de vous voir attrapée,
Et refusez tous ceux qui viennent s'offrir.
Mais un jour vous vous verrez souffrir
Par un dont vous serez trompée.

Oracle de la 4ème Heure
Si vous vous mariez, vous seriez bien contente ;
Néanmoins cela n'est pas votre bonheur.
Faites-vous bonne-sœur, c'est pour vous le meilleur :
Ce moyen un jour comblera votre attente.

Oracle de la 5ème Heure
Votre beauté n'est pas une claire fontaine
Où tous peuvent aller pour se désaltérer,
Et néanmoins vous les faites espérer,
Résolue de rendre éternelle leur peine.

Oracle de la 6ème Heure
Vous vous verrez déçue par l'amour d'un mondain
Qui, pour vous attraper, utilisera des feintes,
Et vous fera croire que son amour est sincère,
Mais il vous causera beaucoup de malheur.

Oracle de la 7ème Heure
Vous parviendrez au fait que tant vous attendez ;
Mais vous ne serez pas au bout des fiançailles
Qu'aussitôt entrerez au jour des regrets :
Car vous trouverez plus que vous ne prétendez.

Oracle de la 8ème Heure
Celle que vous aimez aura la connaissance
Que vous avez amour pour elle et le secret
Comme en votre action vous êtes si discret
Que pour loi vous aurez l'aimer et le silence.

Sixième chapelle

Oracle de la 1ère Heure
Rien ne vous arrivera de vos prétentions,

Votre liberté sera mal vue ;
Soyez, si vous pouvez, un peu plus retenue :
On a jugé le but de vos intentions.

Oracle de la 2ème Heure
Après avoir trois jours passés en fête,
Les jours suivants viendront à repentance,
Et vous ferez pénitence
Pour jamais ne refaire ces excès.

Oracle de la 3ème Heure
C'est de votre beauté soyez certaine
Dont votre serviteur ne se lassera pas ;
Mais c'est votre beauté qui vous abusera,
Car jamais vous n'aurez de lui quelque espoir.

Oracle de la 4ème Heure
Un extrême désir de contenter votre âme
Combat dans votre cœur pour un fidèle amant ;
Il faut que vous l'aimiez et très fidèlement :
C'est à lui que vous serez la femme.

Oracle de la 5ème Heure
Vous serez par mégarde atteinte de poison,
Et vous-même courez à la chose inconnue ;
A consommer désormais soyez plus retenue,
Car celui qui le donne est dans votre maison.

Oracle de la 6ème Heure
Vous serez quelque temps d'un homme très éprise,
Mais enfin il vous peinera,
Car de vous épouser, il le méprisera ;
Aussi n'en soyez pas surprise.

Oracle de la 7ème Heure
Vous deviez bien venir pour savoir qui vous êtes
Et ce que vous ferez pour le temps advenir.
Il me déplait de quoi me faites souvenir
De vous dire qu'un jour porterez des cliquètes.

Oracle de la 8ème Heure
Le destin déjà vous avertit de faire une retraite,
Et quoi que vous fassiez, enfin vous la ferez :
Car dans quelques années, religieux vous serez,
Quoi que déjà vous ayez autre profession faite.

Septième chapelle

Oracle de la 1ère Heure

Vous aurez ce bonheur de ne jamais manquer
De prendre quand vous irez pêcher ou à la chasse ;
Mais ce bonheur chasse tout autre de vous
Et d'autres biens vous n'aurez que ceux-là désormais.

Oracle de la 2ème Heure

Vous serez bienheureux à faire mariages,
Et ceux que marierez s'en trouveront fort bien,
Ils n'auront jamais faute en leur vivant de bien.
Il en sera de même en vos ménages.

Oracle de la 3ème Heure

Retenez-vous d'aller en masque ces jours gras,
Vous êtes menacé d'être pris pour un autre ;
Ce temps, quoi que ce soit, tenez-vous sur vos gardes,
Mais ne craignez plus rien passé le mardi-gras.

Oracle de la 4ème Heure

Vous serez bien trompé si pensez être beau
Pour avoir un peu les cheveux frisés ;
Toujours vous serez du monde la risée,
Et ne serez jamais autre chose qu'un veau.

Oracle de la 5ème Heure

Poursuivez, ce qui est de votre volonté ;
Votre désir est saint la fin en sera bonne,
Et si vous ne serez empêché de personne.
Ce que je dis contient la pure vérité.

Oracle de la 6ème Heure

Ce que vous prétendez dépend de la Fortune,
Et la Fortune peut le faire réussir ;
Croyez-moi qu'il sera, car le tout dépend d'une
Qui a pour ces effets comme vous ce désir.

Oracle de la 7ème Heure

Vous serez un Phœnix, l'ornement de notre âge ;
Vous serez un Achille aux armes sans pareil,
Vous n'ignorerez rien, vous serez une merveille,
Bref, ce que vous serez on ne peut davantage.

Oracle de la 8ème Heure

Approchez vous de ceux qui peuvent du bien vous faire,

Car le temps est venu que vous le recevrez ;
Si vous fuyez de les voir vous vous en repentirez :
C'est maintenant que vous pouvez bien faire votre affaire.

Huitième chapelle

Oracle de la 1ère Heure
Il est tout assuré que, si vous faites bâtir,
En fouillant vous trouverez une grande richesse ;
Ainsi vous le promet votre heure en la vieillesse,
Et que de pauvreté vous ne pouvez pâtir.

Oracle de la 2ème Heure
Quoi que vous soyez blâmé d'aimer trop le jeu,
N'arrêtez pas de jouer, car c'est votre avantage ;
Cela n'empêchera pas un bon mariage,
Car vous allez par le jeu vous enrichir peu à peu.

Oracle de la 3ème Heure
Votre humeur sera propre à servir un couvent
Plus qu'elle à servir une femme ;
Faites-vous donc minime afin de n'être infâme.
Ceux qui ont peu de cœur en font ainsi souvent.

Oracle de la 4ème Heure
Mariez-vous bientôt, autrement l'on dira
Que l'on voit peu en vous aucun mérite ;
Allez encore voir un coup votre petite,
Elle pour cela rien elle ne vous refusera.

Oracle de la 5ème Heure
Fuyez, fuyez les célébrités et toutes leurs grandeurs,
Aimez votre maison, demeurez au village ;
Si vous faites autrement, sera votre dommage,
Car en suivant ces gens vous n'aurez que malheurs.

Oracle de la 6ème Heure
Ne refusez l'habit que l'on vous veut donner,
Pour dire qu'il vous faut être un homme d'Eglise,
Prenez et puis vous en ferez ensuite à votre guise ;
Si vous manquez à ce coup, vous n'y pouvez retourner.

Oracle de la 7ème Heure
Jusqu'à trente et cinq ans vous travaillerez fort,
Et serez accablé par beaucoup d'infortune ;
Mais ne perdez pas cœur, car la plus importune,

Et toutes, finiront par un bienheureux sort.

Oracle de la 8ème Heure
Avisez bien comment des Grands vous approcherez,
Et ne faites action aucunement douteuse ;
Vous serez accusé d'une action bien périlleuse,
Mais par l'appui d'un Grand d'elle vous en sortirez.

QUATRIEME TEMPLE

Première chapelle

Oracle de la 1ère Heure
Vos cheveux blond doré, votre bouche vermeille,
Ce rire, ce teint, ce port de tête gracieux,
Vos seins rondelets, votre front, siège des Dieux,
Vous feront admirer comme étant sans pareille.

Oracle de la 2ème Heure
Dans le mois de Mai vous deviendrez captive,
Jouissez donc de votre liberté ;
Rien ne servira de faire la rétive,
Vos plus proches parents ainsi l'ont décidé.

Oracle de la 3ème Heure
Trop tôt les personnes proches pleureront votre absence,
Et les amis que vous aimez si bien
Apprendront par votre absence combien
Leur vaut et leur valait votre douce présence.

Oracle de la 4ème Heure
Vous êtes la plus belle et la plus estimée
Des dames qui habitent ici ;
Mais bientôt il n'en ira plus ainsi,
Car vous serez par lui fortement diffamée.

Oracle de la 5ème Heure
La belle, vous ferez un jour mille amours ;
Si vous trouvez un bon partenaire,
Il ne lui faudra qu'un peu à votre oreille murmurer,
Et aussitôt vous lui montrerez votre ardeur à l'amour.

Oracle de la 6ème Heure
Évitez le malheur qui vous va menaçant,
Du jour de cette semaine au mardi le plus proche

Ne passez aucun pont de jour ou de nuit,
Si vous ne vous voulez pas tomber en le passant.

Oracle de la 7ème Heure
Il fait pitié de vous voir aimer si constamment
Une qui ne saurait être en amour constante,
Mais poursuivez de l'aimer, vous aurez votre attente,
Car vous la gagnerez par le temps seulement.

Oracle de la 8ème Heure
Il fait peine de vous voir aimer de façon si pressante
Une qui ne saurait être en amour bien constante,
Mais peut-être contre toute attente
Avec le temps sera-t-elle consentante.

Deuxième chapelle

Oracle de la 1ère Heure
Vous aurez un mari qui vous rendra jalouse,
Et si ce malheur vous ne pouvez l'éviter ;
J'ai peur que vos façons vous fassent maltraiter,
Mais fatalement il faut qu'il vous épouse.

Oracle de la 2ème Heure
Vous produirez à tous votre beauté pour gage,
Et nul n'aura de vous la bouche ni le cœur
Que celui reconnu comme votre serviteur,
Et qui en jouira par loi de mariage.

Oracle de la 3ème Heure
Vous avez fait sentir votre froideur
A celui que vous ne voulez plus,
Lui qui n'aime rien en ce monde que vous ;
Mais pour cela vous serez, un jour punie.

Oracle de la 4ème Heure
Ne vous courroucez pas de voir votre fille
Pourvue devant vous ; cela vous est fatal,
Et non pour vous causer ainsi aucun mal,
Mais pour accroître l'heure de votre destinée.

Oracle de la 5ème Heure
Vous pensez, pour vous voir un peu élevée,
Que vous devez mépriser tout le monde et maîtriser chacun ;
Un jour on vous verra en-dessous du commun,
Voire même, de tout privée.

Oracle de la 6ème Heure
Songez à votre mort sans vous mettre en peine,
Car je ne sais pas quand elle vous arrivera
Mais je sais qu'elle vous surprendra :
Vous aurez une mort soudaine.

Oracle de la 7ème Heure
La Fortune, pour vous contenter en vos désirs,
Vous donnera un fils chef de votre lignage,
Qui, vivant, deviendra si prudent et si sage
Que vous en recevrez un monde de plaisirs.

Oracle de la 8ème Heure
Vous vivrez longtemps avec votre mari,
Si longtemps qu'à la fin vous perdrez le compte des années
Mais à la fin le temps vous privera de vie,
Et par votre mari vous serez suivie.

Troisième chapelle

Oracle de la 1ère Heure
Vous aurez un jour l'espoir d'être supérieure d'une abbaye
Si sérieuse dans votre dévotion
Que, pour vous contenter,
Vous ferez tous les degrés mais jamais vous n'enseignerez.

Oracle de la 2ème Heure
Où vous allez trouver ce que votre âme attend,
Pour penser vivre heureuse en toute liberté,
Vous n'y rencontrerez que la pauvreté,
Et de votre espoir la misérable perte.

Oracle de la 3ème Heure
Vous vous riez de tous et chacun y a droit
Qui est de vous plus ou moins connu ;
Cela contente votre humeur ; mais attention
Quand ces gens ensemble feront pareil à votre nom.

Oracle de la 4ème Heure
N'allez pas trop souvent vous promener sur l'eau,
Quoi qu'on vous y convie,
Car elle a est la cause de votre perte,
Et vous verrez sous vous submerger un bateau.

Oracle de la 5ème Heure
Apaisez le courroux de la belle Lucine,

Le temps approche et vite arrivera ;
Je crois que, la priant elle s'adoucira,
Et que vous souffrirez peu lors de l'accouchement.

Oracle de la 6ème Heure
Belle, si votre lignage doit s'accroître,
Il faut que vous le fassiez avant qu'il soit neuf mois,
Car vous avez d'épouser des mois jusqu'à trois
Sans que pas un ne puisse déceler votre état.

Oracle de la 7ème Heure
Rafraîchissez vos yeux, prenez un bon visage,
Vous verrez aujourd'hui celui que vous aimez.
S'il vous voit autrement, il s'en irait.
Votre contentement l'encourage à vous aimer.

Oracle de la 8ème Heure
Vous aurez aujourd'hui votre contentement,
Si le plaisir consiste en la vue ;
Et vraiment vous lui êtes tant d'effet
Qu'il vient tout seul pour vous voir seule expressément.

Quatrième chapelle

Oracle de la 1ère Heure
Vous avez passé six ans bien tristement,
Pleine de tout chagrin et de mélancolie ;
Mais, quand sera rompu le lien qui vous lie,
Le filet de vos jours vous passerez gaiement.

Oracle de la 2ème Heure
Vous aurez dans sept mois une grande maladie,
Où vous reconnaîtrez votre plus cher ami ;
De ceux que vous aimez vous ne verrez que lui
En avoir jusqu'au cœur de la mélancolie.

Oracle de la 3ème Heure
Si vous vous tournez vers l'écuelle d'autrui,
Vous êtes en danger d'être bien mal servie ;
Suivez votre fortune et votre destinée,
Prenez à qui vous recherche et ce dès aujourd'hui

Oracle de la 4ème Heure
Vous serez deux fois fiancée
A deux divers amis qui ne vous plairont pas,
Et vous ferez si bien ce qu'il faut pour en venir à bout

Que des deux vous serez à la fin délaissée.

Oracle de la 5ème Heure
Soignez vos enfants et surtout le dernier,
Il vous tracassera plus que de coutume,
Et après sa bonne fortune
Il vous sauvera car il aura une grande destinée.

Oracle de la 6ème Heure
Vous aurez de la peine et serez fâchée ;
Votre mari aura bientôt des ennuis,
Et ceci pour l'amour d'un menuisier
Que l'on aura trouvé dans votre remise.

Oracle de la 7ème Heure
Laissez le feu s'éteindre, retirez le menu.
Vous n'aurez d'aujourd'hui pas grande compagnie.
Un vent terrible et une fâcheuse pluie,
Et puis je ne sais quoi d'autre sur eux s'est abattu.

Oracle de la 8ème Heure
Ne vous inquiétez pas, le jour n'est pas fini :
Celui que vous attendez doit venir dans une heure.
Car c'est contre son gré s'il est en retard,
Et son cœur comme le vôtre en est meurtri.

Cinquième chapelle

Oracle de la 1ère Heure
Vous vous pouvez vanter de l'attrait de vos yeux,
Pour savoir comment ils ont en eux telle puissance
Qu'ils pourront asservir les cœurs plus braves ;
Mais peu seront de vous néanmoins amoureux.

Oracle de la 2ème Heure
Vous en attendez un qui ne dira rien,
Pensant, l'ayant acquis, avoir trouvé merveille ;
Mais vous ne trouverez qu'un videur de bouteille,
Qui finalement votre bien et le sien dilapidera.

Oracle de la 3ème Heure
Vous courez, je vous jure, une grande fortune
De voir tous ceux qui sont maintenant vos amis
Changez par votre orgueil en mortels ennemis,
Car vous serez enfin à chacun importune.

Oracle de la 4ème Heure
Vous donnerez souvent une douce escarmouche
A ceux qui sauront la recevoir comme il faut ;
Mais j'ai peur que ceux-là se fâchent de ces assauts,
Car vous serez pour eux trop folâtre à la couche.

Oracle de la 5ème Heure
Vous faites la fâcheuse et dédaignez l'amour,
Vous méprisez ses traits et niez sa puissance ;
Mais dans peu de jours vous aurez connaissance
Qu'il fait la cour, comme il veut, y compris à votre cœur.

Oracle de la 6ème Heure
Vous tenez trop longtemps votre amour retenu ;
Faites-vous un bon ami pour cela :
Si vous n'éprouvez pas l'amour à ce point-là,
Vous ne serez jamais mariée.

Oracle de la 7ème Heure
Vous en avez envie et savez qui vous retient.
Mais, si l'occasion en peut être venue,
Vous cesserez d'être seule afin de vous voir
Chérie d'un ami tel qu'il vous appartient.

Oracle de la 8ème Heure
Vous aimez votre indépendance et voulez qu'on vous laisse
Vivre paisiblement seule dans votre enclos,
Car là vous estimez être votre repos,
Et qu'un jour en deviendrez la maîtresse.

Sixième chapelle

Oracle de la 1ère Heure
Sachez que cette année vous serez mariée,
Il vous est préparé par lui quelque bonheur ;
N'épargnez pas des amis la peine et le labeur :
Vous serez comme femme estimée.

Oracle de la 2ème Heure
C'est assez attendu, votre heure est arrivée,
Vous vous verrez heureuse en rentrant dans les Ordres ;
Quittez donc le monde et lâchez lui la main,
Car de tous les plaisirs vous vous verrez privée.

Oracle de la 3ème Heure
Vous serez bien malade

Si vous n'y donnez pas le remède ;
Prenez un qui soit toujours raide,
Il fera passer vos douleurs.

Oracle de la 4ème Heure
Dès le commencement des offres du service
D'un humble amoureux, vous refuserez,
A la seconde fois gaiement vous accepterez,
Et le recevrez pour ensemble en avoir un joyeux bénéfice.

Oracle de la 5ème Heure
Vous causerez la mort à plusieurs amis,
Car tous pour vous aimer se trouveront en peine,
Et si vous n'y pensez pas, c'est chose très certaine
Que vous aurez par eux mille ennuis.

Oracle de la 6ème Heure
Votre état changera dans les deux ans,
Et vous plaira ce qui vous rend mécontente ;
Vous fuirez les gens et pour vivre contente,
Vous-même irez travailler aux champs.

Oracle de la 7ème Heure
Vous cesserez d'être seule, à mon opinion,
Et ferez plaisir à votre famille,
Car franchement vous ferez un trou dans votre muraille
Pour vous sortir enfin de cette situation.

Oracle de la 8ème Heure
Ils sont tous deux égaux en âge et de force égale
De bonne volonté, de même affection.
Il faut qu'elle fléchisse à cette liaison,
Et que dès cette nuit elle écoute sa passion.

Septième chapelle

Oracle de la 1ère Heure
Vous croyez pouvoir bien une dame servir,
Et pensez en avoir un jour la jouissance ;
Mars c'est vous décevoir d'avoir cette espérance :
Vous ne pourrez jamais son amour asservir.

Oracle de la 2ème Heure
Prenez garde à vous, ne vous courroucez point ;
Fuyez si vous pouvez ce qui vous est évitable :
Car on veut vous empoisonner à une table,

Et de ceux-là vous ne vous doutez point.

Oracle de la 3ème Heure
Vous ferez un voyage après le mois de Mai,
Où vous accomplirez le souhait d'une dame,
Et le vœu qui retient engagée votre âme,
D'où vous retournerez merveilleusement gai.

Oracle de la 4ème Heure
Vous aurez beaucoup de biens, mais j'ai peur que l'envie
D'en avoir toujours plus vous fasse équivoquer ;
Vous faites mille traits dont l'on se peut moquer.
Gardez-vous de davantage entacher votre vie.

Oracle de la 5ème Heure
Vous vous verrez un jour épris d'une beauté
Qui au commencement fera la dédaigneuse ;
Persistez néanmoins, car autant amoureuse
Elle sera de vous comme vous l'avez.

Oracle de la 6ème Heure
Ne craignez point le refus, ainsi plutôt persévérez,
Car ce qui vient sans peine on le doit dédaigner ;
Un jour vous vous verrez sur tous favorisé
Et par celle de qui vous attendez le salaire.

Oracle de la 7ème Heure
N'ayez crainte que votre passé
À votre amant soit un obstacle qu'il ne peut dépasser.
Le véritable amour n'est jamais limité,
A des actions passées qui sont presque effacées.

Oracle de la 8ème Heure
Il ne faut pas donner un si fâcheux reproche,
A celui qui sera le premier amour.
Nul ne peut être parfait en tout.
Expérience et années sont une bonne approche.

Huitième chapelle

Oracle de la 1ère Heure
Vous ferez en vous-même une résolution
De quitter le pays pour vivre en un étrange ;
Vous vivrez content ayant fait cet échange,
Et l'aimerez après d'extrême affection.

Oracle de la 2ème Heure
Quiconque éprouvera votre dextérité,
Et principalement à la course des dames,
Vous jugera le plus vaillant de tous les gendarmes ;
Vous serez dans cela moins expérimenté.

Oracle de la 3ème Heure
Ceux que Fortune élève au plus haut de la roue
Souvent en un instant les fait en bas dévaler ;
Modérez désormais votre libre parler,
Ou vous connaîtrez les tours qu'elle joue.

Oracle de la 4ème Heure
Votre fortune est belle et vous promet grand bonheur
Si pouvez un peu user de résistance,
Et que vous ne fassiez de chacun accointance,
Car un de ceux-là va causer votre malheur.

Oracle de la 5ème Heure
Phœbus ne vit jamais de son œil radieux
Un homme plus heureux en sa machine ronde ;
En vous toute faveur et tout bonheur abonde ;
Quoi que fassiez, toujours serez des plus heureux.

Oracle de la 6ème Heure
Ne vous étonnez point de vous voir refusé
Pour la première fois ni pour la quatrième,
Ainsi conservez-vous toujours en l'humeur même :
Vous parviendrez enfin au but proposé.

Oracle de la 7ème Heure
Le secret de l'amour est de montrer qu'on aime,
Et libéralement prendre de ses amis.
Reçois donc, car ces lois t'ont permis ;
La plus honnête femme peut en faire de même.

Oracle de la 8ème Heure
Si vous prenez les cadeaux que l'on vous offrira,
Vous donnerez de vous comme présage
Qu'on peut espérer de vous un jour bien davantage.
Aussi ne prenez pas tout ce qu'on vous donnera.

CINQUIEME TEMPLE

Première chapelle

Oracle de la 1ère Heure

L'année ne sera du tout parachevée
Que vous aurez un fils en votre mariage,
Qui, grandissant, deviendra si prudent et si sage
Qu'un chacun, s'il est cru, par lui sera sauvé.

Oracle de la 2ème Heure

Vous avez beau penser cacher votre finesse,
Vous serez découverte aux yeux les plus troublés :
Cessez donc de le croire et ne redoublez plus ;
Vous vous engagerez envers un sans promesse.

Oracle de la 3ème Heure

Vous serez condamnée où vous êtes
A vivre prisonnière entre quatre murailles,
Pour avoir pour ennemis certaines canailles
Qui vous épient nuit et jour.

Oracle de la 4ème Heure

Gardez bien de blesser le fruit de votre ventre ;
Veillez à ne pas vous laisser tomber ;
Faites toujours le nécessaire et surveillez,
Car vous êtes dans le mois où votre malheur entre.

Oracle de la 5ème Heure

En ce que vous ferez, si c'est chose secrète,
Ne vous attendez pas de le faire la nuit ;
C'est elle qui à votre action nuit,
Ce sera la nuit que serez découverte.

Oracle de la 6ème Heure

Vous causerez la mort de vos plus chers amis,
Car pour vous ils auront une grande querelle,
Et le tout arrivera à cause d'une maquerelle
Qui d'amis les fera devenir ennemis.

Oracle de la 7ème Heure

Ne vous arrêtez point au vulgaire du monde.
Prenez honnêtement ce qu'on vous offrira.
Votre honneur ne s'y engagera pas.
C'est une sotte rumeur qui court le monde.

Oracle de la 8ème Heure
Gardez-vous en bien et évitez ce coup-là.
Rejetez ces présents, ils sont trop dangereux
Et ne sauraient être pour vous un jour profitables.
L'honneur souvent s'engage par cela.

Deuxième chapelle

Oracle de la 1ère Heure
S'y fie qui voudra ; si c'était Hypolite,
Vous lui feriez fausser son serment et sa foi ;
Si de vous regarder il en a l'audace,
Cela vous est en tout fatal.

Oracle de la 2ème Heure
Frisez vos blonds cheveux, fardez votre langage,
Ces charmes amoureux n'auront plus de pouvoir ;
Un peu trop librement vous vous laisserez voir,
Et ce qui fut votre bien sera votre dommage.

Oracle de la 3ème Heure
Vous recevrez chez vous un hôte venu de loin,
Qui pour vous voir fera ce long voyage ;
Mais vous lui montrerez, par un mauvais visage,
Que ce n'est plus de lui dont vous avez besoin.

Oracle de la 4ème Heure
Vous porterez le deuil caché dans votre âme
D'un mal dont ne voulez pas parler ;
Il faudra le faire et ne plus le nier ;
Mais ne le découvrez qu'à une sage-femme.

Oracle de la 5ème Heure
Vous serez mariée avant qu'il soit neuf mois ;
Il vous faudra quitter la maison paternelle
Pour aller habiter la sienne maternelle,
Ce qui vous fâchera bien peu, comme je crois.

Oracle de la 6ème Heure
Vous aimerez un sot, un fat vous aimera,
Et tous deux servirez comme au monde de fable ;
On parlera de vous le plus souvent à table,
Et celui qui en fera mieux sera celui qui de vous médira.

Oracle de la 7ème Heure
N'espérez plus avoir aucun contentement

De votre amant, ce mauvais visage.
Il a changé de cœur et d'amour, il est volage,
Et croirait être un sot s'il aimait constamment.

Oracle de la 8ème Heure
Il a le cœur trop bon et l'âme trop constante
Pour demeurer un jour près de vous en défaut.
L'amour par vos beaux yeux lui livre trop d'assauts,
Pour qu'il puisse vous rendre, un jour, mécontente.

Troisième chapelle

Oracle de la 1ère Heure
On vous accusera d'être hautaine
Et de ne pouvoir aimer simplement,
Même d'en avoir fait le solennel serment ;
Mais il vous arrivera pourtant de faire cela.

Oracle de la 2ème Heure
Vous abandonnerez celui qui vous honore,
Pour le croire maladroit dans son devoir ;
Mais ne le faites pas, car il a le pouvoir
D'être un jour votre époux, ou ce qu'il est encore.

Oracle de la 3ème Heure
Quoi qui succède à vos désirs,
Ne perdez pour cela ni l'âme ni le cœur,
Vous avez engendré un brave belliqueux :
Amour contre Fortune sont dans cette affaire.

Oracle de la 4ème Heure
Quand les dédains sur vous n'auront plus de puissance,
Et vous saurez faire cas de vos amis,
Rien de plus honoré ne se verra ici-bas :
Car chacun fera se pliera à votre obéissance.

Oracle de la 5ème Heure
Si votre œil amoureux par fortune relâche
Pour l'absent que je sais quelques larmes d'eau,
Vous serez aussitôt prise pour une vache,
Si l'on vous voit pleurer pour l'absence d'un veau.

Oracle de la 6ème Heure
Pendant que vous tiendrez votre amoureux en peine.
L'amour, de son côté, vous y tiendra aussi ;
Prenez pitié de lui, montrez-vous plus humaine,

Et vous verrez que l'amour en fera de même.

Oracle de la 7ème Heure
Vous n'aurez pas, longtemps, de nouvelles de celui
Qui tient dans votre cœur la place d'un ami sincère,
D'autant que vous l'aurez exclu de votre grâce,
Et qu'il pense que c'est pour un autre que lui.

Oracle de la 8ème Heure
Ce jour ne passera pas sans que vous soyez contente
Si des nouvelles d'amis vous peuvent contenter.
Cessez donc de tourmenter votre cœur,
Et réjouissez-vous-en si heureuse attente.

Quatrième chapelle

Oracle de la 1ère Heure
Si l'on ne vous marie, il est tout véritable
Que vous ressentirez des filles les douleurs.
Or, pour les éviter ainsi que les malaises,
Rendez-vous désormais un peu plus aimable.

Oracle de la 2ème Heure
Vous direz que voulez être religieuse
Pour rendre votre esprit content et heureux ;
Mais sera pour contrarier quelque pauvre amoureux,
Car vous ne désirez pas cela.

Oracle de la 3ème Heure
Ne vous offensez pas, passez tout sous silence :
On ne pourra rien dire à votre encontre ;
Et si quelqu'un en parle, il en sera jaloux,
Car vous ne prêtez pas à la médisance.

Oracle de la 4ème Heure
Si vous désirez vivre en quelque liberté,
Fuyez les doux éclairs d'une attrayante vue
Et le charmant regard qui si doucement tue,
Ou vous demeurerez en sa captivité.

Oracle de la 5ème Heure
Vous avez fait serment de n'aimer jamais bien,
Et d'avoir à mépris l'amour et sa puissance ;
Vous aimerez si fort avec impatience
Que vous direz un jour : il ne faut jurer de rien.

Oracle de la 6ème Heure
Personne ne pourra vous voir et s'exempter
De vous offrir son cœur, son amour et sa vie,
Et qui n'ait envie de mourir pour mieux vous aimer,
Si seulement cinq ou six jours vous le fréquentez.

Oracle de la 7ème Heure
Vous aurez dans trois jours des nouvelles de loin
De la part de celui qui vous a fait attendre :
C'est, comme il le laisse entendre,
Qu'il a à cœur de s'entretenir avec vous.

Oracle de la 8ème Heure
A celle de vivre peu avec celui-là
Qui vous honorera avec son cœur et son âme,
Tant qu'il aura l'honneur de vous avoir pour dame,
Mais peu, je crois, cela continuera.

Cinquième chapelle

Oracle de la 1ère Heure
Vous recevrez de l'amour un déplaisir extrême,
Et n'en aurez toujours que mécontentement.
Aimez et jouissez ; votre contentement
En l'une et l'autre part sera toujours le même.

Oracle de la 2ème Heure
Pour éviter un mal vous chercherez un bien,
Et chercherez où vous croyez qu'il est,
Mais les eaux que vous prendrez pour penser vous remettre
Ne serviront à rien au mal que vous avez.

Oracle de la 3ème Heure
Vous êtes au monde comme nulle autre pareille,
Et vous serez admirable à nos yeux ;
On vous tiendra, sous la voute des Cieux,
Pour la beauté comme l'une des sept Merveilles.

Oracle de la 4ème Heure
Jouissez du bonheur que la fortune vous donne
Pendant que vous pouvez en prendre le plaisir,
Car je vois le malheur, qui de près vous talonne ;
Courir hâtivement pour vous saisir.

Oracle de la 5ème Heure
Vous aurez un ami qui vous fréquentera

Pour le temps seulement que vous le flatterez,
Et il vous quittera pour une autre maîtresse :
Mais sans vous avoir touchée.

Oracle de la 6ème Heure
Ne dites pas qu'heureuse est celle qui peut être
Libre d'affection et de toute amitié.
Le Ciel veut que soyez remplie de pitié,
Et que l'amour soit de vous entièrement le maitre.

Oracle de la 7ème Heure
A celle d'être heureuse, ainsi comme vous êtes,
Et de voir votre état se dégrader,
Pour aimer un beau fils qui vous est étranger.
Regardez, je vous prie, ce que vous faites.

Oracle de la 8ème Heure
Vous avez gouté le lot des délices d'ici,
Et votre cœur tout oublié de votre pays
Ici la rose de votre printemps s'est flétrie,
Le reste de vos jours s'y passeront aussi.

Sixième chapelle

Oracle de la 1ère Heure
Vous serez épiée et qui plus est, trahie,
Si dans trois jours au plus vous ne vous désistez
Du conseil de ceux pour qui vous contestez.
S'il vous advient ainsi, n'en soyez pas surprise.

Oracle de la 2ème Heure
Vous avez la volonté de courir à la chasse ;
Mais, si vous me croyez, vous le reporterez,
Et vous n'irez jamais à la chasse,
Avec un qui vous diffamera.

Oracle de la 3ème Heure
Cela vous contrarie d'être encore jeune fille,
Et vous voudriez, je crois, déjà ne plus l'être ;
Mais il vous faut attendre encore un peu,
Et puis vous ne serez plus alors une demoiselle.

Oracle de la 4ème Heure
Vous doutez de l'enfant que vous aurez en premier,
Et vous voudriez en être bien savante.
Que ne soit plus cela qui votre cœur tourmente :

C'est un fils qu'en premier vous aurez.

Oracle de la 5ème Heure
Un vent impétueux ira vous terrasser,
Et par son tourbillon vous serez si surprise
Qu'il n'y aura pas moyen d'y échapper :
Demeurez où êtes et laissez-le passer.

Oracle de la 6ème Heure
Vous désirez un bien du fruit de mariage
Qui vous coutera cher avant que ne l'ayez,
Et il ne vous arrivera
Qu'au péril de la vie, au plus beau de votre âge.

Oracle de la 7ème Heure
Je ne vous dirai pas ce qui vous retiendra,
Mais j'ai peur que vous ne revoyiez pas les vôtres ;
Je l'ai dit et prédit ainsi à plusieurs autres :
Je crois que tout de même il vous en arrivera.

Oracle de la 8ème Heure
Cessez de soupirer : tout au monde se change ;
Bientôt vous quitterez ce séjour malheureux,
Pour revoir celui dont êtes désireux,
Et dans peu quitterez ce pays étrange.

Septième chapelle

Oracle de la 1ère Heure
Celle-là qui possède et votre cœur et votre foi
Veut être importunée et vous voir auprès d'elle :
Poursuivez donc de l'aimer, quoi qu'elle soit cruelle ;
Si vous ne vous en rendez maitre, il ne tiendra qu'à vous.

Oracle de la 2ème Heure
Vous aurez de l'amour pour qui vous trompera,
Et si vous n'en pourrez avoir la connaissance ;
Aussi ne pourrez-vous entrer en méfiance,
Car fort discrètement son fait elle fera.

Oracle de la 3ème Heure
Fuyez tant que vous pourrez la solitaire humeur,
Car votre cœur à la prendre est assez volontaire ;
Essayez si vous le pouvez de cela vous distraire,
Ou vous serez toujours tenu pour un rêveur.

Oracle de la 4ème Heure
Si vous vous mariez, évitez le mois d'août :
Ce mois vous est sur tous en ce fait dommageable ;
Toute votre famille en sera misérable,
Et pour héritage ils n'auront pas un sou.

Oracle de la 5ème Heure
Vous serez un larron et si n'en prenez garde
Vous verrez qu'un policier viendra vous prendre au corps ;
Et il ne vous servira à rien d'avoir du remords,
Car pire vous promet l'astre qui vous regarde.

Oracle de la 6ème Heure
Quoi que vous puissiez faire, il est inévitable,
Vous serez obéissant à une femme toujours ;
Vous ne saurez fuir ce malicieux cours ;
Acceptez-le, il vous sera peut-être profitable.

Oracle de la 7ème Heure
Vous pouvez bien la pleurer comme chose perdue,
Car jamais pour elle ne se retrouvera,
Mais quel qu'autre en aura l'utilité
Et s'en appropriera comme une chose due.

Oracle de la 8ème Heure
Vous avez du malheur en ce que vous perdez :
Et de le recouvrer il est sans espérance ;
Ayez donc cette perte un peu en patience,
Et plus soigneusement les autres vous considèrerez.

Huitième chapelle

Oracle de la 1ère Heure
Vous vantez incessamment votre douce liberté,
Et vous moquez de ceux qu'une prison enserre ;
Avant qu'il soit six mois, si je ne me trompe
Vous y serez aussi, en grande pauvreté.

Oracle de la 2ème Heure
Croyez le vieillard Mophus, vous ferez sagement ;
Quand l'amour vous induira d'aller servir votre dame,
Allez seul pour lui conter ce qu'est votre flamme :
On vous supplantera si vous faites autrement.

Oracle de la 3ème Heure
Pour penser trop de vous, l'orgueil vous décevra

Et vous mettra plus bas mille fois que vous n'êtes ;
Vous commettrez par lui cent choses malhonnêtes,
Cet orgueil à la fin vous déshonorera.

Oracle de la 4ème Heure
Fort solennellement une belle couronne
Vous vous verrez poser sur votre indigne chef ;
Mais après, par ne sais quel insigne méchef,
L'on vous verra porter celle qu'aux fous l'on donne.

Oracle de la 5ème Heure
Pour ôter de danger une gentille dame,
Vous vous hasarderez à tuer un taureau ;
A quoi vous parviendrez et ferez un fourreau
De son corps mort du coup de votre bonne lame.

Oracle de la 6ème Heure
Nagez le moins que vous pourrez :
D'être noyé un astre vous menace ;
Et qu'un bon cœur trop hardi ne vous fasse ;
Gardez-vous-en et très bien vous ferez.

Oracle de la 7ème Heure
N'allez point au Devin, car c'est chose mal faite,
Plus qu'il ne le ferait je vous contenterai,
Et pour tout dire le vrai je vous dirai
Que vous recouvrerez rapidement votre perte.

Oracle de la 8ème Heure
Il y a trop longtemps que l'avez égarée,
Et de la recouvrer oncques vous ne pouvez ;
C'est en vain que sur tant vous éprouvez,
Elle s'est, pour jamais, de vos yeux séparée.

SIXIEME TEMPLE

Première chapelle

Oracle de la 1ère Heure
Prenez garde, au moins, à celui qui partage votre lit,
Quand il aura son affaire finie,
Avant qu'il ne se soit levé,
Qu'une autre fois il arrange un peu ses habits.

Oracle de la 2ème Heure
Vous causerez l'éloignement d'un qui vous aime fort,
Et vos commandements en seront la cause.
En dire plus pour cette fois je n'ose,
De peur de réveiller, sur ce sujet le chat qui dort.

Oracle de la 3ème Heure
C'est un arrêt du Ciel inévitable,
Vous allez épouser un homme au poil grison,
Qui fera néanmoins une bonne maison
Si de votre côté vous êtes maniable.

Oracle de la 4ème Heure
Vous serez amoureuse éperdument d'un homme
Qui ne vous aimera que si vous le contraignez ;
Mais ne lui montrez pas, dédaignez-le :
C'est ainsi que vous pourrez le faire votre.

Oracle de la 5ème Heure
Vous serez d'un homme puissant par amour recherchée
Aux dépens d'un de vos plus chers amis ;
Mais comme une aventure vous aurez eue avec lui,
Il faudra qu'il quitte sans tarder le pays.

Oracle de la 6ème Heure
Votre volonté n'est pas d'être mauvaise fille,
Ni de jamais tromper votre mari ;
Ceci à beaucoup souvent est arrivé,
Et il vous arrivera un jour de le tromper.

Oracle de la 7ème Heure
Vous la recouvrerez avec tant de patience ;
Il faut sagement en cela pour porter :
Ceux qui ne l'ont pas ne sauraient plus loin la transporter,
Et voudraient que vous l'ayez déjà sous votre puissance.

Oracle de la 8ème Heure
Il n'en faut plus parler, elle est perdue ;
Le total en est fait, le conseil en est pris.
Accusez-vous de vous être en votre compte mépris :
Souvent la chose n'est pas comme on l'a prétendue.

Deuxième chapelle

Oracle de la 1ère Heure
Vous serez la plus fière et plus insupportable

De toutes en la troupe de l'amour.
Vous serez toujours ainsi et ferez chaque jour
Si vous le pouvez un Amant misérable.

Oracle de la 2ème Heure
Vous brûlerez d'une secrète flamme,
Et vous voudrez mourir avant de l'avouer,
Croyant par ce silence au Paradis aller ;
Mais c'est ainsi qu'on perd et son corps et son âme.

Oracle de la 3ème Heure
Abandonnez cette pensée de n'être point aimée :
Vous avez celui que vous aimez,
Et s'il a du courage, comme vous le croyez,
Vous serez à jamais de lui la plus estimée.

Oracle de la 4ème Heure
Vous êtes en mauvaise relation avec vos proches,
Et le pire pour vous, c'est avec votre sœur,
A qui vous avez confié tous vos secrets,
Et vous vous en faites des reproches.

Oracle de la 5ème Heure
Vous êtes heureuse et si toujours vos yeux
Témoignent à chacun par leurs larmes le contraire ;
Cela vous fera mal de le faire.
Contente ou non, jamais ne pouvez avoir mieux.

Oracle de la 6ème Heure
Vous ne valez plus rien à faire l'exercice
Où vous avez gagné tant d'or et tant d'argent.
Il faut que désormais vous y serviez d'agent ;
On ne saurait vous offrir d'autre service.

Oracle de la 7ème Heure
Pour avoir une fois manqué à votre devoir,
Vous avez perdu le fruit de votre chère espérance ;
Vous n'en aurez jamais aucune jouissance,
Car de la recouvrer n'est plus en votre pouvoir.

Oracle de la 8ème Heure
Apprenez qu'en sa fortune il ne se faut méprendre,
Et que ce qui vient d'elle est fort sujet à choir,
Qu'elle change entièrement d'un matin à un soir :
Ce qu'elle vous a ôté, vous vous le verrez rendre.

Troisième chapelle

Oracle de la 1ère Heure

Vous jouez votre jeu trop ouvertement,
Et donnez trop de pied à qui vous rencontre ;
Vous serez découverte,
Et pour vous ceci finira tragiquement.

Oracle de la 2ème Heure

Toute votre jeunesse en bonheur se passera,
Et jusqu'à quarante ans vous vivrez en la sorte ;
Mais ce terme à tout bien vous fermera la porte,
Et votre vie en déclinant ira.

Oracle de la 3ème Heure

Si vous suivez l'avis que l'on vous donnera
Sur qui vous fait avoir martel en têtes,
Et principalement d'un homme malhonnête
Ce fait à tout jamais vous déshonorera.

Oracle de la 4ème Heure

Un qui vous a aimée autant que sa vie,
Au premier abord qu'encore il vous verra,
Comme sera bientôt, son feu ravivera.
Efforcez-vous de l'aimer, si vous n'en avez pas l'envie.

Oracle de la 5ème Heure

Ne vous détournez pas de votre intention,
Pour penser que chacun s'intéresse à vos façons.
L'amour fera pour vous une fameuse garde,
Et vous fera jouir de votre affection.

Oracle de la 6ème Heure

Vous entrez dans l'année où vos maux finiront,
Si l'absence en est cause, ainsi que vous le dites ;
Vous reverrez celui qui vous nomme petite,
Et vos feux raviveront les siens.

Oracle de la 7ème Heure

Non, vous ne pourrez jamais retrouver cette perte.
Faites ce que vous pourrez afin de vous excuser ;
Vous ne pouvez que vous-même en ce fait abuser,
Si vous l'espérez encore un jour voir recouverte.

Oracle de la 8ème Heure

Prenez garde si premier votre cause est légitime,

Et puis je vous dirais si vous l'entreprendrez ;
Si vous me dites oui, je dis que vous vaincrez,
Et que vous devez faire peu de cas du contraire.

Quatrième chapelle

Oracle de la 1ère Heure

Vous avez beau chanter que vous êtes volage,
Toutes vos actions le font croire autrement ;
Pour cela vous serez aimée extrêmement,
Et toujours, réputée entre les femmes sages.

Oracle de la 2ème Heure

Vous devez un peu faire l'amour,
Et à votre monsieur lui faire porter les cornes,
Puisque s'il entretient vos bornes,
De toute l'année il ne vous voit qu'un jour.

Oracle de la 3ème Heure

Pour une fois seulement faite à la dérobée
Vous vous alarmerez, sans qu'il en soit besoin ;
Ayez toujours soin de vous, comme avez eu :
Vous ne serez jamais plus embourbée.

Oracle de la 4ème Heure

Vous avez cette humeur de prendre tout librement,
Et voulez que cela ne soit point vicieux,
Mais que d'aimer un homme marié est plus pernicieux :
Faire cela vous obligera à rendre cet amour.

Oracle de la 5ème Heure

Celui sur qui vous faites un appui de fortune
Au fort de votre espoir vous abandonnera,
Et rien que du regret il ne vous donnera,
Le tout par le conseil d'une vieille importune.

Oracle de la 6ème Heure

Si vous n'ouvrez pas les yeux, un malheur vous viendra,
Duquel vous serez la seule à en être la cause.
Ne pensez pas que ce soit une petite chose :
Quand il sera venu, vous vous en souviendrez.

Oracle de la 7ème Heure

Vous serez le vaincu, la partie est mal faite,
N'allez point plus avant à disputer ce droit ;
Ils sont deux contre vous, pour qui vaincre faudrait

Non un seul, mais toute l'armée Danerethe.

Oracle de la 8ème Heure
Votre ennemi est fort, mais votre patience
Et votre attitude enfin le gagnera ;
Vous serez le vainqueur et lui se donnera
L'honneur d'être vaincu sous votre puissance.

Cinquième chapelle

Oracle de la 1ère Heure
Vos yeux payeront un jour le tribut à la nature
Pour avoir fait preuve de tant de cruauté,
Changeant leurs vifs regards en obscurités,
Par une maladie ou une blessure.

Oracle de la 2ème Heure
Pour votre joli chant, pour votre bonne grâce,
Pour votre langage, pour votre maintien,
Une bonne maison vous dirigerez d'une main
A la fois souple et ferme aurez ainsi la prospérité.

Oracle de la 3ème Heure
Vous n'aimerez jamais un qui vous aimera ;
D'un que vous aimerez vous ne serez aimée ;
Et si pour son amour vous serez diffamée,
Et pour l'amour de vous on le diffamera.

Oracle de la 4ème Heure
Pour vous récompenser de votre bon vouloir,
D'un que vous aimez bien vous serez contaminée :
Ne soyez plus folle de son amour ;
Vous en empêcher, c'est vous protéger.

Oracle de la 5ème Heure
L'âge jamais ne vous fera dommage,
Votre beauté toujours demeurera,
Aux yeux de tous, un miracle,
Et l'ornement des autres de notre âge.

Oracle de la 6ème Heure
Fortune un de ces jours vous fera connaitre
Qu'elle a toute puissance sur les hommes ;
Elle vous réduira sous son obéissance,
Vous faisant ressentir l'aigreur de son courroux.

Oracle de la 7ème Heure
N'entrez pas, si vous pouvez, en dispute avec lui,
Car vous serez par lui toujours mis en désordre,
Et si vous n'y donnez avant cela bon ordre,
Vous serez vaincu dès le jour d'aujourd'hui.

Oracle de la 8ème Heure
Ne doutez nullement, toujours Dieu favorise
Ceux qui ont le bon droit : vous serez le vainqueur ;
Allez-y franchement et de tout votre cœur,
Vous aurez le dessus de si belle entreprise.

Sixième chapelle

Oracle de la 1ère Heure
Le souvenir d'un que vous pensez votre,
Vous donnera de bien fâcheuses nuits,
Quand vous saurez, pour augmenter vos soucis,
Qu'il n'est plus votre, mais qu'il est à une autre.

Oracle de la 2ème Heure
Votre cœur est fardé comme votre visage,
Et pense aisément jouir de sa méchanceté ;
Mais vous ne parviendrez pas à cette cruauté,
Car la mort de l'amour vous en ôtera l'usage.

Oracle de la 3ème Heure
Vous serez peu de temps jouissant du bien
Que vous aurez acquis avec beaucoup de peine ;
L'Oracle vous le dit en chose certaine :
Faites donc comme si ce n'était rien.

Oracle de la 4ème Heure
Vous aurez cet honneur d'être bien estimée
De ceux qui vous feront hommage de leur cœur,
Et dans peu, je crois, d'un brave belliqueux,
Il sera celui dont vous serez aimée.

Oracle de la 5ème Heure
Minerve, recherchant un corps que la Nature
A fait de sa main en une œuvre parfaite,
A choisi le vôtre à cet effet
Car il excelle sur toute autre créature.

Oracle de la 6ème Heure
Pour trop vous écouter et ne pas vous comprendre,

Vos parents causeront votre mal advenir :
Vous secouerez le joug, afin de parvenir
Au but que vos désirs vous feront entreprendre.

Oracle de la 7ème Heure
Trop de présomption emporte votre désir,
Et rien n'arrivera qu'à votre grand préjudice,
Car ce que vous voulez faire est contre la justice,
Et vous serez perdant à votre grand déplaisir.

Oracle de la 8ème Heure
C'est douter s'il est jour quand le Soleil luit,
De penser autrement qu'absente elle ne change ;
Cela ne vous doit point d'elle être étrange,
Et fou est celui s'en étonne.

Septième chapelle

Oracle de la 1ère Heure
Si vous passez cinquante ans, votre horoscope dit
Que jusqu'à longtemps vous serez en vie,
Toujours content, joyeux et sans aucune envie,
Mais que vous mourrez ailleurs que dans votre lit.

Oracle de la 6ème Heure
Par le feu vous serez en un danger extrême,
Mais votre agilité vous a de garantir ;
La Fortune se plait quelquefois à mentir :
Je désire sur ce fait qu'elle en fasse de même.

Oracle de la 3ème Heure
La mort a de vous rendre un de ces jours content,
Puisqu'aujourd'hui les biens heureux peuvent nous faire.
Vous aurez peu de ceux de votre père,
Dont la mort vous fera peu vivre mécontent.

Oracle de la 4ème Heure
Vous deviez bien venir pour savoir votre sort,
Et ce que la Fortune à l'avenir vous garde :
Vous serez dans bien peu si vous n'y prenez garde
Concerné par la mort.

Oracle de la 5ème Heure
Vous serez accusé d'un crime détestable,
Et longtemps pour ce fait vous serez en prison ;
Mais vous amènerez vos parties à raison,

Avérez de faux témoins et vous serez non coupable.

Oracle de la 6ème Heure
Supporte encore vos maux pour un mois patience :
Ils vont durer environ ce temps-là ;
C'est peu pour être heureux qu'endurer cela,
Et puis vous jouirez de votre douce espérance.

Oracle de la 7ème Heure
Une si longue absence et de si bons amis
Sont cause qu'à la fin une amitié se change ;
Si donc elle a changé, ne le trouvez étrange :
Ce moyen de changer à chacun est permis.

Oracle de la 8ème Heure
Il ne sera jamais jaloux dans son âme.
Heureuse celle qui pour époux l'aura !
Car même il ne croira que ce que son œil verra :
C'est tout ce qu'il faut pour croire.

Huitième chapelle

Oracle de la 1ère Heure
Vous portez les faveurs d'une belle maîtresse
Qui ne vous aima jamais et ne vous aimera pas ;
Un de vos amis favorisé sera,
Et vous demeurerez frustré de sa promesse.

Oracle de la 2ème Heure
Vous avez un voisin qui vous causera dommage ;
Il feint de vous apprécier et ne vous aime point ;
Il aime votre amie et vous trompe à point :
Ainsi entretient-on souvent le voisinage.

Oracle de la 3ème Heure
Si vous ne vous comportez avec votre ami
Librement et sans fard, vous viendrez en dispute,
Non pour autre sujet que celui d'une femme,
Qui ne vous causera jamais que de l'ennui.

Oracle de la 4ème Heure
Préparez un bateau pour vous en aller sur mer,
Préparez vos affaires sans peur du naufrage ;
Vous serez bienheureux pour ce premier voyage,
Mais ne pensez jamais à en faire un métier.

Oracle de la 5ème Heure
Si vous n'avez à souhait des biens en votre jeunesse,
N'irritez pour cela les Dieux contre vous ;
Poursuivez tout doucement votre fortune et croyez-moi
Qu'elle vous donnera des biens en votre vieillesse.

Oracle de la 6ème Heure
Faute de vous connaître et penser qui vous êtes,
Vous serez toujours mal avec vos amis ;
Cela les fera devenir vos ennemis :
Regardez de plus près ce que vous faites.

Oracle de la 7ème Heure
L'ardente affection qu'il cache dans son âme
Lui causera souvent une jalouse humeur :
Car la crainte et l'amour, sans beaucoup de rumeur,
Logent toujours où est une si vive flamme.

Oracle de la 8ème Heure
Il a trop de courage et de lui connaissance,
Il a trop de mérite et d'honneur et de cœur ;
Pour devenir jaloux il a trop de valeur,
Et puis de son mérite il n'est pas en méfiance.

SEPTIEME TEMPLE

Première chapelle

Oracle de la 1ère Heure
Vous serez en demande d'amour à outrance :
Et vous souffrirez d'aimer sans être aimé.
Vous attiserez le feu dont vous consumerez,
Et vous n'en aurez jamais la récompense.

Oracle de la 2ère Heure
Vous êtes né le jour des bienheureux au monde,
Et Mars y est favorable et forgea votre cœur
Pour être le vainqueur en tous les exploits,
Car vous serez sa personne seconde.

Oracle de la 3ère Heure
Il vous faut être sage avec la prospérité,
Et très bien la garder pendant qu'elle dure,
Fortune vous talonne et par elle je jure

Que vous allez avoir beaucoup d'adversité.

Oracle de la 4ère Heure
Votre bon père épousa votre mère ;
Je le dis pour autant que si fort vous l'aimez,
Que vous n'estimez rien de plus au monde que Bachus ;
Aussi vous rien d'autre que sa liqueur.

Oracle de la 4ème Heure
Vous aurez beaucoup d'attraits et de douceur en vous,
Que vous pourrez forcer le plus rude courage.
Cela vous durera pendant votre jeune âge,
Et puis vous déplairez à tous après trente ans.

Oracle de la 5ème Heure
Réjouissez-vous, petit : un astre fortuné
Au ciel est apparu le jour de votre naissance ;
Vous aurez de grands biens un jour, de la puissance,
Car cet astre béni ainsi l'a ordonné.

Oracle de la 6ème Heure
Vous ferez comme a fait la belle d'Allégresse.
Ne pouvant plus souffrir la constante rigueur,
Vous quitterez le célibat, disant qu'à contrecœur
L'on vous y a forcée, en votre jeunesse.

Oracle de la 7ème Heure
Ce que vous attendez en vents tournera,
Et jamais nul plaisir ni douceur n'aurez.
Fortune vous sera de plus en plus cruelle ;
N'espérez rien de doux, car le tout s'aigrira.

Oracle de la 8ème Heure
Votre attente sera doucement fortunée,
Et jouirez de l'heure que vous souhaitez.
Vivez joyeusement et en confiance attendez
Le bien que vous promet cette douce journée.

Deuxième chapelle

Oracle de la 1ère Heure
Qui que vous soyez, si vous avez des biens,
N'élevez pas votre cœur plus haut :
La fortune roule envers nous différemment ;
C'est un peu de bonheur qui précède votre malheur.

Oracle de la 2ème Heure
Ne craignez point la pauvreté ;
Junon a pris votre chère accointance
Pour vous donner l'entière jouissance
De ses trésors en grande quantité.

Oracle de la 3èmee Heure
La fortune jamais ne vous sera contraire,
Entreprenez hardiment tout ce que vous voudrez ;
C'est un fatal destin, quoique vous ferez ;
N'entreprenez donc que quelque bonne affaire.

Oracle de la 4ème Heure
Avant que le mois soit achevé,
La fortune vous réserve une chose fâcheuse,
Comme souvent en arrive à l'âme dédaigneuse,
Ou qui est, comme vous, de tout amour privé.

Oracle de la 5ème Heure
Jamais vous ne serez comme votre père,
Un astre malheureux vous conduit :
Car voyez déjà où vous en êtes réduit,
On juge que jamais vous ne pouvez mieux faire.

Oracle de la 6ème Heure
Vous avez le minois, si vous n'avez pas l'argent,
D'être bien mal reçu d'une belle fille ;
Cela vous est fatal, en voyant la braguette
Qui semble ne s'enfler que d'un peu de vent.

Oracle de la 7ème Heure
Si le temps passé attendant ce bonheur
Vous est doux, espérez encore davantage
Que l'attente sera tout à votre avantage,
Car sa fin ne sera que pleine de douceur.

Oracle de la 8ème Heure
L'espoir que vous avez vous satisfait,
Mais à la fin de celui-ci il n'y aura rien.
De cette longue attente
Le doux espoir aura été vain.

Troisième chapelle

Oracle de la 1ère Heure
Par un dédain vous vous resserrerez,

Et quitterez cette amoureuse flamme
Qui âprement va consommant votre âme,
Et tout amour d'amour vous mépriserez.

Oracle de la 2ème Heure
Vous aurez tellement l'humeur sombre
Qu'enfin tout votre bien ce sera d'être seul,
Et cela durera jusqu'à ce qu'un linceul
Vous enferme et vous fasse éviter un encombre.

Oracle de la 3ème Heure
La beauté qui conduit un homme à sa ruine
Par vos yeux en vous-même un tel effet fera,
Car vous adorerez qui vous méprisera,
Et vous n'en ferez à aucun mauvaise mine.

Oracle de la 4ème Heure
Ne faites pas le fin, vous n'avez point d'amour,
Et si vous en avez il n'est pas connu ;
Votre humeur est de tous trop libre reconnue ;
Mais vous en aurez plus vous que ne voudrez un jour.

Oracle de la 5ème Heure
Vous serez accablé de la glace et du froid
Un jour quand vous irez pour éteindre la flamme
Qui brûle votre cœur pour une belle dame
Qui vous sera fidèle à votre endroit.

Oracle de la 6ème Heure
Si jamais vous vous mettez sous le joug du mariage,
A celui des cocus vous serez asservi ;
Comme vous avez servi vous serez desservi,
Et vous ne pouvez éviter cela.

Oracle de la 7ème Heure
Non, après ces six mois seulement,
Pour faire à son mari tant de fois la rétive ;
Après avoir fait longtemps la fugitive,
Elle-même y viendra pour son contentement.

Oracle de la 8ème Heure
Il pleure tout le jour et soupire sur sa perte.
Il n'a pour réconfort à son fidèle amour
Que le jour bien-aimé de son retour,
Pour se voir allégé de la peine soufferte.

Quatrième chapelle

Oracle de la 1ere Heure
L'ardeur de votre amour, étant sans prévoyance,
Causera du tort à ceux qui vous y aideront,
Tellement qu'ils iront en Justice ;
Mais la fille en fera pour tous le paiement.

Oracle de la 2ème Heure
Le proverbe a failli, vous avez le nez beau,
Vous avez la voix forte et la taille bien faite ;
Mais point n'y répondra l'effet de la braguette,
Car pour cela vous vous n'êtes pas au niveau.

Oracle de la 3ème Heure
Vous serez assailli d'action en justice,
Mais vous l'éviterez par une prompte fuite.
Regardez désormais à ceux de votre suite :
Car vous ferez le saut

Oracle de la 4ème Heure
Celle qui vous a rendu si souvent misérable
A la fin changera sa rigueur en pitié ;
Elle reconnaîtra votre fidèle amitié,
Et vous la verrez bientôt à votre mal attentionnée.

Oracle de la 5ème Heure
Tout bonheur vous est réservé dans les histoires d'amour,
Si vous savez faire cas du jour de votre naissance ;
L'amour s'est tous entier mis sous votre puissance,
Et ne veut pas ailleurs qu'en votre cœur y séjourner.

Oracle de la 6ème Heure
Rien ne peut advenir de ce que vous prétendez,
Vous en devez dès ce jour perdre toute espérance,
Car vous l'avez méprisé l'ayant eu en essence,
Et de le retrouver vous n'en aurez le temps.

Oracle de la 7ème Heure
Que votre visage est doux et votre œil agréable !
Auront ils assez de pouvoir sur votre époux
Que jamais il n'aura d'autre amour que vous ?
Car à chaque instant vous manifesterez vos qualités insondables.

Oracle de la 8ème Heure
N'attendez point le bonheur parfait pour vous marier,

Et ne croyez pas que vous puissiez conserver votre liberté.
Votre mari pourra être plein de sévérité,
Et de vos vrais amis pourra en prendre ombrage.

Cinquième chapelle

Oracle de la 1ère Heure
Votre courroux, votre gloire et votre impertinence
Vous feront faux-bond et je crains un mauvais tour,
Et qui pis ce sera, par des gens haut placés,
Qui n'auront aucun scrupule et vous condamneront.

Oracle de la 2ème Heure
Vous serez éloigné de la région pour quelques jours,
Par un fait malhonnête et qu'on ne peut pas dire ;
Mais cet éloignement vous fera souffrir,
Pour vivre heureux où mourront vos amours.

Oracle de la 3ème Heure
Que de malheurs suivent votre ruine !
Que de mépris chacun fera de vous !
Car en bref temps vous ressentirez les coups
De la fortune et d'une femme.

Oracle de la 4ème Heure
Ne vous attristez point de vos malheurs passés,
Perdez le souvenir des peines souffertes.
Il ne peut désormais rien vous arriver,
Seulement les plaisirs des trépassés.

Oracle de la 5ème Heure
Jusque à quarante ans vous serez à mal aise,
Et n'aurez à vous aucun bien,
Mais après ce temps-là vous les narguerez tous,
Et jusqu' à un âge avancé vous vivrez à votre aise.

Oracle de la 6ème Heure
Vous braverez de loin un qui juste après
Vous fera ressentir ce qu'il a de courage ;
Pour vous faire changer d'humeur et de langage,
Il ira vous trouver là où vous serez.

Oracle de la 7ème Heure
Un an vous serez contente avec lui,
Car jamais un homme plus fort ne vous aimera.
Mais de l'avenir méfiez-vous car sans doute il vous trompera.

Que vous disparaissiez il rêvera durant la nuit.

Oracle de la 8ème Heure
Pour vivre un amour plus heureux,
Et jouir du doux bonheur de son mariage,
On devait commencer par être sage
Et bâtir ensemble une vie éternelle d'amoureux.

Sixième chapelle

Oracle de la 1ère Heure
Vous devez plus aimer les armes que personne,
D'autant que vous avez par elles d'être heureux ;
Suivez donc la Fortune et d'un cœur généreux
Aimez et chérissez Mars et sa sœur Bellonne.

Oracle de la 2ème Heure
L'absence sera cause en fin de votre mort,
Si vous vous éloignez, comme en avez envie ;
Chérissez davantage un peu votre vie,
Et rompez de vous-même un si sinistre sort.

Oracle de la 3ème Heure
Vous vous endetterez par un mauvais ménage,
Tant que serez contraint de quitter le pays,
Et ceux qui de ce fait seront plus surpris
Seront ceux qui toujours vous ont tenu pour sage.

Oracle de la 4ème Heure
Le froc ne vous sera nullement convenable,
Et par lui ne pouvez jamais être estimé ;
Néanmoins, si vous voulez d'une dame être aimé,
Il faut que soit un froc qui vous en rende aimable.

Oracle de la 5ème Heure
Vous ne pouvez éviter le mal que vous pourchassez ;
Il a de vous arriver et ce dans peu de jours
Vous vous verrez privé de vos chères amours,
Et par gens qui feindront de vous suivre à la chasse.

Oracle de la 6ème Heure
Il vous faut marier avant que l'an se passe,
Et si vous croisez, une veuve prendrez ;
Avec son porteur d'eau le vôtre accommodez :
Vous aurez l'un et l'autre ensemble bonne grâce.

Oracle de la 7ème Heure
Il vaudrait mieux parfois accepter la vérité
D'un malheureux mariage,
Plutôt que de faire durer pour l'héritage
Une vie sans bonheur et sans sérénité.

Oracle de la 8ème Heure
Vous ne devez pas être en peine pour cela,
Car choisir présuppose en avoir pour ce faire ;
Or vous n'en avez qu'un : il est donc nécessaire,
Si en voulez avoir, que ce soit celui-là.

Septième chapelle

Oracle de la 1ère Heure
Vous voulez voyager pour vous rendre habile homme,
Et avez un désir qui vous porte à cela :
Allez où vous voudrez, votre nature est là
Que bête vous serez quand vous reviendrez de Rome.

Oracle de la 2ème Heure
Une vous aimera, mais le temps, qui tout change,
Fera changer son cœur pour ailleurs le ranger.
Et si vous ne pourrez de ce fait là juger,
Car il arrivera un malheur étrange.

Oracle de la 3ème Heure
Où loge la bonté, si ce n'est en votre âme ?
Où loge un bel esprit, si ce n'est même en vous
Vous serez admirable et galant par-dessus tous,
Et toujours bien voulu de quelque belle dame.

Oracle de la 4ème Heure
Vous refuserez l'heure qu'un autre tiendrait cher,
S'il pouvait, comme vous, s'approcher d'une belle ;
Mais vous ferez très bien, vous seriez infidèle
D'aller dans le lit où vous ne devez coucher.

Oracle de la 5ème Heure
C'est de vous qu'on doit faire cas
Dont la vertu n'est pas commune,
Car vous serez toujours pour une,
Et de plus ne le direz pas.

Oracle de la 6ème Heure
Vous serez bienheureux en tout ce que ferez.

Tout vous réussira selon votre entreprise ;
Mais ne vous élevez pas contre le pauvre,
Il vous en coûterait, certainement.

Oracle de la 7ème Heure
Ce jour se passera bien suivi d'autres jours,
Sans que par ce moyen vous soyez contente.
Désistez-vous un peu d'une telle attente :
Vous aurez longtemps à attendre vos amours.

Oracle de la 8ème Heure
Une longue recherche est par trop dommageable
A celle qui ne veut faire voir son amour ;
Et si vous désirez n'en rien faire savoir,
Montrez du premier coup qu'il vous est agréable.

Huitième chapelle

Oracle de la 1ère Heure
Vous serez attaqué par un de vos chers amis
Jusqu'à vous faire mettre enfin la main aux armes,
Le tout par le complot de certaines femmes
Qui jusque à la mort vous feront ennemis.

Oracle de la 2ème Heure
Le vin que vous prenez sans mesure
Vous fera recevoir un très grand déplaisir :
Car ce vice vous mène à un sale désir,
Qui vous donnera en fait une sépulture.

Oracle de la 3ème Heure
Ne craignez point d'épouser une gentille dame
Pour dire qu'elle n'a des moyens comme vous ;
Par elle vous aurez mille bienfaits :
Le sort sourie parfois à celui qui réclame.

Oracle de la 4ème Heure
Gardez-vous des bagarres qui vous menacent fort
Non pas que je vous crois avoir peu de courage ;
Mais, si vous vous battez, sera votre dommage :
Ainsi vous le prédit la Fortune et le sort.

Oracle de la 5ème Heure
Votre fortune dépend de vouloir demander ;
Préférez donc votre heure, abaissez votre courage,
Faites ce que je te dis, on vous estimera sage :

Souvent on perd du bien pour ne le demander.

Oracle de la 6ème Heure
Vous faites votre état d'aller en Italie :
Libre vous y allez, asservi vous reviendrez ;
Et si vous me croisez, ici demeurerez :
L'homme doit demeurer où son destin l'allie.

Oracle de la 7ème Heure
Le plaisir de l'amour est aux longues poursuites,
Et pour le recevoir vous devez en faire ainsi,
Limiter son amour n'apporte que souci :
Faites-vous donc désirer longtemps pour vos mérites.

Oracle de la 8ème Heure
Elle a trop pris à cœur une telle matière
Dès le commencement qu'elle en goûta le fruit.
Voilà l'occasion qui a tout détruit,
Et qui n'aura jamais sa perfection entière.

HUITIEME TEMPLE

Première chapelle

Oracle de la 1ère Heure
Dans un an vous aurez votre contentement,
Et rien n'est ici-bas qui puisse vous nuire ;
Tenez-vous assuré que de vos maux le pire
Vous avez ressenti dès le commencement.

Oracle de la 2ème Heure
Poursuivez cette humeur d'apprendre le latin :
Rien ne vous ira mieux qu'une robe à cornette ;
Pour un bonnet cornu votre tête est mieux faite
Qu'elle ne le serait pour faire le mutin.

Oracle de la 3ème Heure
Vous serez tout songeur, tout triste, tout grogneux,
Et rien ne vous plaira qui n'ait du misérable,
Le Printemps ne vous sera pas agréable,
Car en lui vous serez souvent malheureux.

Oracle de la 4ème Heure
Sur tous les jours du mois gardez le vendredi :
Ce jour vous est fatal et du tout favorable,

En lui vous serez mis en état honorable ;
Croyez-moi, car il est ainsi que je le dis.

Oracle de la 5ème Heure
Attendez encore trois jours et quatre pour le plus,
Car dans ce terme là c'est une chose sure
Qu'un grand bien vous arrivera comme je vous l'assure,
Et sur vos désirs aurez le dessus.

Oracle de la 6ème Heure
L'amour vous fera faire un assez long voyage,
Où la haine beaucoup plus y contribuera,
L'amour pour un ami et la haine sera
Pour celle qui vous fait avoir mauvais ménage.

Oracle de la 7ème Heure
D'autant qu'il plait aux Dieux, car on ne saurait dire
Qu'elle ait fait quoi que ce soit qui provoque cela.
Cette stérilité ne provient point de là,
Mais d'un mystère qu'on ne peut éclaircir.

Oracle de la 8ème Heure
A celle d'aimer bien et n'être point aimée,
Comme plusieurs fois vous le reconnaîtrez,
Et de ceux également à qui vous permettrez
La faveur la plus estimée d'un amant.

Deuxième chapelle

Oracle de la 1ère Heure
La Fortune vous garde en votre faible vieillesse
Tant de biens et d'honneur et de prospérité,
Qu'à jamais vos amis et leur postérité
En recevront le bien, la joie et le bonheur.

Oracle de la 2ème Heure
Vous perdrez un bien par votre couardise,
Qui après d'un chacun vous fera mépriser,
Des dames même tant défavorisé
Qu'elles ne parleront que de votre sottise.

Oracle de la 3ème Heure
Vous avez tant crié Noël qu'il est venu,
Et crois qu'à votre gré toutes choses sont faites,
Et vous pouvez disposer vos affaires secrètes,
Car désormais de rien vous n'êtes retenu.

Oracle de la 4ème Heure
Chérissez le laurier et sur vous le portez
Pour éviter le choc de la foudre et du tonnerre,
Car il a quelque jour de vous jeter par terre,
Si sans votre Daphné du logis vous sortez.

Oracle de la 5ème Heure
Après un grand travail qu'il vous faut endurer,
Vous aurez mille biens ainsi que vous l'espérez,
Car votre religion vous servira de mère ;
Mais il faut un peu endurer pour durer.

Oracle de la 6ème Heure
D'un fâcheux accident vous êtes menacé,
Car par lui vous perdrez les joies de ce monde,
J'entends celles qui font la nature féconde,
Et ne pourrez frayer qu'au chemin plus tracé.

Oracle de la 7ème Heure
A celle d'épouser un homme fantastique,
Rêveur, malicieux et jaloux entre tous,
Laid, sans ambition, qui n'aimera que vous,
Mais qui vous privera de toute autre pratique.

Oracle de la 8ème Heure
Belle fille, apprenez que votre condition
Vous a faite sujette à toute votre famille,
Qui n'approuvera pas ce mariage.
Recevez leur conseil, non leur affection.

Troisième chapelle

Oracle de la 1ère Heure
Vous serez misérable et plus forte votre amie,
Car vous serez jaloux et sans occasion ;
Bien que ce mal ne soit que de l'opinion,
Vous serez son fléau et il pèsera sur votre vie.

Oracle de la 2ème Heure
Vous n'aurez pas joui trois mois de vos amours
Que vous en deviendrez jaloux sans mesure,
Et cela viendra de votre méfiance,
Qui vous fera finir dans le malheur vos jours.

Oracle de la 3ème Heure
Vous croirez qu'on vous aime et ne le serez pas ;

Comme l'opinion le plus souvent nous trompe,
Ne laissez pas pour cela sonner de la trompe :
Amoureux et chasseurs souvent perdent leurs pas.

Oracle de la 4ème Heure
Vous jouerez la séduction auprès de votre maitresse,
Vous ferez le valeureux et le batailleur ;
Mais on ne verra point pour cela de vos eaux :
Aussi ne croira-t-on guère en votre prouesse.

Oracle de la 5ème Heure
Vous ne vous devez point aux Grands vous adresser,
Le loisir n'y saurait être en aucune sorte.
Un peu d'ambition à cela vous transporte ;
Si voulez vivre heureux, il vous faut les laisser.

Oracle de la 6ème Heure
Vous vous rencontrerez en cent mille plaisirs,
Si vous savez prendre le temps ainsi qu'il faut le faire ;
Ce bonheur à votre heure est plus que nécessaire ;
Ayez donc les yeux prompts et tardifs vos désirs.

Oracle de la 7ème Heure
Vous devez bien le chérir autant qu'il vous aimera,
Car vous avez passé ensemble votre vie ;
Sa liberté d'ailleurs ne peut être asservie :
Aimez-le sincèrement, car il vous épousera.

Oracle de la 8ème Heure
Vous êtes différente en tant et tant de sortes
Que je ne sais comment vous l'aurez en mari ;
Mais néanmoins je crois que vous l'épouserez,
Car vos sentiments sont les plus forts.

Quatrième chapelle

Oracle de la 1ère Heure
Vous serez plus sujet aux femmes que nul homme,
Et si vous serez toujours d'elles mal traité ;
Elles vous réduiront à toute pauvreté,
Et gardez qu'en colère une ne vous assomme.

Oracle de la 2ème Heure
Vous serez en tout grand de biens et de fortune,
Grand de nom, grand d'effet et grand en dignité,
Non sans y recevoir de l'incommodité,

Car cette infâme-là vous en fera quelqu'une.

Oracle de la 3ème Heure
Vous avez désiré d'être proche du directeur,
Et toujours souhaité de lui faire service ;
Il est temps que de vous receviez cet office,
Faites-le alors que vous avez de quoi.

Oracle de la 4ème Heure
Un ami pour vous plaire à vous viendra se rendre,
Pensant avec vous s'établir pour toujours ;
Mais une fera tant que sous peu de jours
Il vous abandonnera pour une autre amie prendre.

Oracle de la 5ème Heure
Vous aurez quelque jour sans faute tant la goutte,
Pour l'avoir fait debout, qu'en serez mécontent ;
Vous maudirez le jeu et vous direz :
Maudit soit le plaisir qui coute si chèrement !

Oracle de la 6ème Heure
Si vous continuez d'aimer comme vous faites
Les cartes et les dés vous vous ruinerez,
Et jamais cinquante ans heureux vous ne vivrez
Que vingt ans vous ne portiez aux portes des cliquettes.

Oracle de la 7ème Heure
Vous portez en vous un rocher comme cœur,
Qui toujours est couvert et de neige et de glace ;
Vous n'avez pour les autres que distance et grimace,
Toujours vous êtes froide et pleine de rigueur.

Oracle de la 8ème Heure
Elle n'a pas d'amour et ne veut pas en avoir ;
Son cœur ne peut être atteint ;
L'amour et le désir n'ont jamais visité son âme,
Et ils n'ont sur elle aucun pouvoir.

Cinquième chapelle

Oracle de la 1ère Heure
Vous aurez entre les femmes
Pour toujours une mauvaise réputation ;
Il ne se faut pas se vanter sinon
De ce qu'on peut hantant les dames.

Oracle de la 2ème Heure
Ne redoutez point de passer en plaisirs votre jeunesse
Pour dire que le temps toujours ne durera :
Plus vous irez avant, plus grand votre bonheur sera,
Et se conservera jusque à votre vieillesse.

Oracle de la 3ème Heure
Je plains votre misère et mécontentement,
Si à quoi je vous vois votre humeur est encline,
Car vous serez jaloux et si votre Jacline
Ne vous en donnera sujet nullement.

Oracle de la 4ème Heure
Que le Ciel irrité fasse ce qu'il voudra,
Jamais votre condition ne sera malheureuse
Sous le drapeau d'Amour en la guerre amoureuse,
Car toujours pour aimer quelque bien vous adviendra.

Oracle de la 5ème Heure
Pour n'avoir pas gardé cher le commandement
De celle qui était toute votre espérance,
Vous serez dedans peu privé de sa présence,
Et plus ne la verrez qu'une fois seulement.

Oracle de la 6ème Heure
Vous avez résolu de servir une amie
Dont vous ne connaissez pas encore la rigueur ;
Mais vous l'éprouverez avec de la langueur,
Car à tous ceux qui l'aiment elle est leur ennemie.

Oracle de la 7ème Heure
Une beauté comme cette beauté
C'est le séjour d'Amour et de sa flamme ;
Elle en a tant que chacun est servi,
Mais cet amour est seulement platonique.

Oracle de la 8ème Heure
C'est un caméléon et elle donne à chacun
Son amour sans compter ;
Et de la voir se marier c'est en vain attendre :
Elle n'a pas d'amour qui soit commun.

Sixième chapelle

Oracle de la 1ère Heure
Vous serez si constant en votre premier amour

Qu'un second amour elle vous acquerra,
Qui, comme le premier, un temps vous manquera,
Après vous élira pour son dernier amour.

Oracle de la 2ème Heure
Vous serez bien voulu d'une dame Française,
D'autant que vous voulez qu'on vous croie Ecossais :
Car elle vous croira plus talentueux qu'un Français ;
Mais, l'ayant essayé, vous n'en aurez que faire.

Oracle de la 3ème Heure
Vous serez mis à en l'honneur que vous recherchez,
Et pour cinq ou six ans y ferez bonne chère,
Qui vous sera vendue après ce temps bien cher,
Car là vous réduiront vos énormes excès.

Oracle de la 4ème Heure
Vous serez délivré d'une bien grande peine
Qui vous arrivera naviguant sur la mer :
Car trois fois vous verrez votre bateau s'abimer ;
Mais votre personne en sortira sauve et saine.

Oracle de la 5ème Heure
Vous avez peu de temps à faire la retraite
Pour finir bienheureux le restes de vos jours.
Priez les Dieux de bon cœur et toujours ;
Cette année votre cœur aura ce qu'il souhaite.

Oracle de la 6ème Heure
Un jour, allant pécher et chasser tous ensemble,
Trop curieux d'avoir ce que vous chasserez,
Dans ce même étang ce jour-là vous mourrez,
Car vous ne nagez pas aussi bien qu'il vous semble.

Oracle de la 7ème Heure
Ce n'est pas cette année que vous le rencontrerez.
Pour celui qui vous épousera ;
Je crois qu'encore une année passera,
Avant que vous ne soyez mariée.

Oracle de la 8ème Heure
Avant que sur ces montagnes blanches comme neige
Paraisse le bouton de rose,
Rougissant pour l'honneur de ce tendre mamelon,
Vous serez follement amoureuse.

Septième chapelle

Oracle de la 1ère Heure
Vous vous tenez trop reclus : allez vous faire connaitre ;
Chacun votre esprit prisera,
Le plus célèbre homme de votre ville votre humeur aimera :
Car c'est sur les autres qu'elle doit paraître.

Oracle de la 2ème Heure
Lorsque vous voyagerez, arrivez de bonne heure ;
Autrement vous serez par le chemin voilé,
Et quoi qu'en soyez peu pour cela désolé,
Faites que le meilleur en la maison demeure.

Oracle de la 3ème Heure
Si fortuitement la constance s'égare,
On ne la doit chercher, pour la trouver, qu'en vous ;
Toujours serez constant et même entre tous
Vous serez remarqué comme une chose rare.

Oracle de la 4ème Heure
Toujours serez vaincu et jamais le vainqueur ;
En affaires, en disputes et si croyez davantage
Que vous serez trompé ; car c'est du mariage
Ce que peut espérer tel cœur.

Oracle de la 5ème Heure
Vous attendez d'entendre de cette belle bouche ;
Pour en prendre à grand cœur ce que vous espérez
Mais, pour ne l'avoir pas, ne vous désespérez ;
Un prix inestimable, un couard ne le touche.

Oracle de la 6ème Heure
Celle qui souvent vous a rendu si misérable
A la fin changera sa rigueur en pitié ;
Pour avoir reconnu votre fervente amitié,
Vous la verrez enfin envers vous favorable.

Oracle de la 7ème Heure
Le proverbe aura lieu, vous le reconnaîtrez,
Et saurez pour vrai que celle qui refuse sans fin,
Souvent après attend, bien souvent pour rien ;
Il ne faut pas toujours regarder de si près.

Oracle de la 8ème Heure
Pour le profit que vous y pouvez faire,

Et pour l'honneur que vous pouvez y acquérir,
Il ne faut pas aller plus loin :
Renoncez, si vous me voulez croire.

Huitième chapelle

Oracle de la 1ère Heure
Fortune vous promet en votre enfance
Mille biens et pour vrai joyeux en jouirez ;
Mais après ces faveurs en décadence vous irez,
Et vous aurez seuls les souvenirs de cette jouissance.

Oracle de la 2ème Heure
Vivez content, si vous pouvez, des biens que l'on vous cède,
Car vous n'en devez jamais espérer plus avoir ;
Et craignez que ceux qui sont déjà en votre pouvoir
Vous ne sachiez les garder et qu'on vous en dépossède.

Oracle de la 3ème Heure
Vous serez renommé quelque jour de chance
Et partout où vos poèmes se liront,
Car jamais les neuf sœurs ne vous délaisseront
Que chacune infuse en vous sa science.

Oracle de la 4ème Heure
Fuyez une ingrate amante et ne l'aimez jamais ;
Montrez que vous êtes rempli de courage ;
Si vous pouvez sur vous prendre cet avantage,
Vous serez heureux en amour désormais.

Oracle de la 5ème Heure
Votre humeur est discrète et veut ce qui se peut,
Et pour ce méritez une bonne fortune ;
Votre horoscope dit qu'en devez aimer une,
Qui sera tout ainsi que votre humeur la veut.

Oracle de la 6ème Heure
Vous êtes malheureux avec les chevaux,
Mêlez-vous désormais d'une autre marchandise ;
Vous troquez, vous changez, le tout à votre guise.
Tout ce qu'il faut monter vous fera mille maux.

Oracle de la 7ème Heure
Laissez les palaces aux pauvres ou bien aux riches dames,
Car vous ne voulez pas y être pour servir,
Ni ne voulez asservir les autres ;

Fuyez donc ces endroits, la ruine des âmes.

Oracle de la 8ème Heure
C'est douter s'il fait jour quand le Soleil luit,
C'est douter s'il fait nuit quand Phœbé nous éclaire ;
Il ne faut point douter d'une chose si claire ;
Croire qu'on vous aime ne nuit à personne.

www.ingramcontent.com/pod-product-compliance
Lightning Source LLC
Chambersburg PA
CBHW050554170426
43201CB00011B/1694

* 9 7 8 1 9 2 6 4 5 1 2 1 3 *